Le Bien commun

Éloge de la solidarité

Quartier libre

Collection dirigée par Pierre Delrock

Il n'y a pas de liberté pour l'ignorant
Condorcet

Une quête de sens dans un projet démocratique,
une collection qui donne la parole aux intellectuels,
citoyens responsables, engagés dans l'action
ou dans la réflexion.
Pour mieux comprendre le monde et en percevoir clairement
les enjeux, en privilégiant l'information à la rumeur,
la tolérance à l'incantation, la sérénité à la fureur.
Un espace de liberté, où l'expression du savoir ne se refuse
ni l'humour, ni l'impertinence.

Avec le soutien du Service de l'Éducation permanente -
Direction générale de la Culture et de la Communication
de la Communauté française de Belgique.

Mise en pages : Stefan Dewel
Illustration de couverture :
détail extrait du tableau «Le Jardin des délices»
de Jérôme Bosch, Madrid, Musée du Prado
Imprimé sur offset remake (papier recyclé)

29, Quai du commerce à 1000 Bruxelles
labor@labor.be
http://www.labor.be

D/1996/258/30
ISBN 2-8040-1110-0

Riccardo Petrella

Le Bien commun

Éloge de la solidarité

Deuxième édition

Collection Quartier Libre

Editions Labor

Dans la même collection

Léo Moulin
Moi et les autres
Petit traité de l'agressivité au quotidien

Jacques Groothaert
L'Europe aux miroirs
Ou le dessus des cartes

Du même auteur

Limites à la compétitivité, ouvrage collectif du Groupe de Lisbonne, coédition Labor-La Découverte-Boréal.
Le développement régional en Europe, éd. Mouton, La Haye, 1970.
Growth poles and regional policies, avec A. Kuklinski, éd. Mouton, La Haye, 1972.
Cross-National Comparative survey Research, avec S. Rokkan, Pergamon Press, Oxford, 1977.
La renaissance des cultures régionales en Europe, éd. Entente, Paris, 1978.
Europe 1995. Mutations technologiques et enjeux sociaux, Rapport FAST, éd. Futuribles, Paris, 1983.
Le futur du Portugal, éd. de la Fondation Gulbenkian, Lisbonne, 1987.

Remerciements

J'ai de grandes dettes envers de nombreuses personnes, à commencer par les membres des Éditions Labor qui m'ont honoré de leur confiance : je pense en particulier à Sonia Lefebvre et à Pierre Delrock, directeur de la collection dans laquelle paraît cet ouvrage.

Je tiens aussi à remercier tout particulièrement Odette Angenot, qui a participé dès le début à la confection matérielle du texte sans épargner fatigue ni sommeil, et Anne Dufour, qui a bien voulu m'apporter une aide précieuse dans sa finalisation.

À mon épouse Anne,
à qui « rien d'humain n'est étranger ».

Un bien à (re)construire

Cet ouvrage se veut une réflexion sur les fondements et le fonctionnement des sociétés contemporaines, débouchant sur des propositions pour l'action.

Il vise à répondre aux questions suivantes :

Pourquoi est-il devenu si difficile de parler *d'intérêt général* et de *bien commun*, et d'agir en conséquence ? Où est, par exemple, l'intérêt général dans les politiques actuelles des télécommunications, dont les principaux mots d'ordre sont la libéralisation totale des marchés, la déréglementation du secteur et la privatisation de la plupart des activités et des services ?

Et cela dans le but exclusif d'assurer la plus grande compétitivité possible entre les entreprises (voire les nations), pour gagner des quotes-parts de marché toujours plus grandes au détriment des autres entreprises (et des autres nations) ?

Pouvons-nous dire que les phénomènes actuels de paupérisation mondiale croissante et d'exclusion sociale généralisée, qui touchent également des catégories sociales considérées comme non concernées jusqu'à présent, résultent d'un mode de développement technologique et économique et de politiques sociales inspirés par la recherche du bien commun [1] ?

Pourquoi avons-nous l'impression de vivre dans des sociétés qui ne sont plus composées par des individus et des groupes qui veulent vivre ensemble, mais des sociétés où chacun est obligé de ne penser qu'à lui-même, à sa propre survie ?

L'état environnemental de la planète ne fait que se dégrader, malgré les engagements formels pris à Rio de Janeiro en 1992 par les dirigeants politiques de tous les pays du monde signataires de l'*Agenda 21*. Pourquoi nos économies restent-elles braquées sur l'efficacité productive et la rentabilité financière à court terme, et semblent-elles incapables de penser à l'intérêt général à long terme de l'espèce humaine ?

En 2020, si les prévisions démographiques se révèlent correctes, la population mondiale atteindra environ 8 milliards de personnes. Malgré les 22 réunions que le G7 a tenues depuis sa création en 1975, avec grand fracas médiatique, les 7 pays les plus riches et puissants du monde ont démontré qu'ils sont structurellement incapables de penser au bien-être des 8 milliards. Ce qui les intéresse, c'est « leur » croissance économique, « leur » compétitivité, « leur » richesse.

La thèse développée ici est la suivante : en Belgique comme en Italie, aux États-Unis comme au Japon, en France comme en Corée du Sud, nos sociétés, à des degrés différents, obéissent de plus en plus depuis une vingtaine d'années à des conceptions et à des politiques destructrices du bien commun, qui ont fait des valeurs et des critères propres à l'économie capitaliste de marché les valeurs et les critères exclusifs de référence et de mesure de ce qui est bon, utile et nécessaire.

La prédominance de ces conceptions et politiques est en train de *faire gagner le marché*, en particulier les intérêts légitimes mais particuliers de l'entreprise privée, et *de faire perdre la société* [2].

La priorité accordée aux valeurs et aux critères de l'économie de marché s'est traduite par l'affirmation d'une double culture :

• *la culture de la conquête* : le monde a été réduit à une série de marchés à conquérir. Ce qui importe est de gagner [3]. *Winning in the global economy* (Gagner dans l'économie globale) est le titre d'un rapport publié par le Conseil des Sciences du Canada en 1993. Dans un tel contexte, d'autres valeurs et critères n'ont qu'une place subordonnée, secondaire et résiduelle [4].

• *la culture de l'outil* : ce qui compte n'est plus l'Homme, la personne humaine, mais l'efficacité et la rentabilité de l'instrument (l'ordinateur, la monnaie unique, ...), de l'objet/marchandise (l'auto-mobile, le téléphone mobile, ...), du système (les marchés financiers, les super-autoroutes de l'information, ...). La personne humaine, elle, est devenue une ressource, la « ressource humaine », au même titre que les ressources naturelles, énergétiques, technologiques et financières.

En tant que « ressource », elle n'est plus qu'un *coût* à réduire, en combinaison et en comparaison avec les coûts des autres ressources. Elle est également une *opportunité* de profit, lorsqu'elle est « employée » comme lorsqu'elle est mise à l'écart, ainsi que le montrent les bénéfices élevés réalisés par les dirigeants et les propriétaires des grandes entreprises qui ont procédé ces derniers temps à des réductions d'emplois massives et drastiques. Les réactions particulièrement favorables des marchés financiers face à de telles réductions montrent par ailleurs que les intérêts financiers se portent bien alors que le marché de l'emploi se porte mal [5].

Les résultats de la prise de pouvoir par les deux cultures sont sous nos yeux ; partout on a assisté :

• à l'affaiblissement des *principes fondateurs* des sociétés modernes occidentales et occidentalisées que sont *la citoyenneté* et *la solidarité*. Le retour massif de la pauvreté représente la négation de l'État moderne. La pauvreté est l'ennemie de la citoyenneté. Il en va de même de l'exclusion sociale ;

• à l'effritement des *principes-ciment* de ces mêmes sociétés, représentés par *la sécurité d'existence* et *la garantie des droits* sur base du respect de la réciprocité entre tous les membres d'une communauté humaine.

Le constat est clair : dans nos sociétés dites « développées », nous n'avons plus grand-chose « en commun », mis à part ce qui reste du *Welfare State* (ce qui n'est pas sans importance), que l'on cherche par ailleurs à effacer encore davantage. Nous sommes en train de perdre le sens de « être et faire ensemble », le sens du « bien commun ». La priorité a été donnée aux itinéraires individuels (ma formation), aux stratégies de survie individuelles (mon emploi, mon revenu), aux « biens individuels » (ma voiture, mon *personal computer*) considérés comme l'expression fondamentale et irremplaçable de la liberté [6].

Nous avons sacralisé les champs de la compétitivité comme les lieux prioritaires de la créativité. Les logiques de la confrontation ont été élevées au rang de logiques « naturelles» de la société et de l'économie, où l'aboutissement « inévitable » est la victoire de l'un sur l'autre, l'élimination de l'autre [7]. La seule chose *commune* que nous sommes prêts à partager et à cultiver, c'est précisément le champ de la guerre pour la survie.

On nous a appris et imposé de croire que l'État (qui, en principe, est le promoteur et le garant de l'intérêt général, de la *res publica*) n'est pas une « bonne » chose. L'État est accusé d'être le responsable des principaux maux dont souffrent nos économies ; l'État en tant que tel, et non pas seulement l'État bureaucratisé, centralisé, inefficace, corrompu. Le dénigrement de la fonction et du rôle de l'État est allé de pair avec le discrédit de la classe politique et le peu d'importance que l'on accorde désormais aux assemblées parlementaires (régionales, nationales et « supranationales »). Dans tous les pays développés, les classes dirigeantes en sont venues à considérer le *Welfare State* comme un boulet aux pieds des entreprises et de leur compétitivité. La solidarité sur laquelle celui-ci a été fondé n'est plus vue comme le principe de la vertu des sociétés.

Il sera largement question dans l'ouvrage de *Welfare State*. Les traductions du terme en français sont nombreuses : État-providence, État-protecteur, État du bien-être. Aucune d'entre elles n'est satisfaisante, car aucune ne donne le sens de l'ensemble des réalités «couvertes» par le *Welfare State*, littéralement « l'État qui fait bien, qui promeut le bien-être ». La notion d'*État-providence* est trop réductrice car elle met l'accent essentiellement sur la prise en charge directe par l'État du bien-être des citoyens : l'État distribue les biens et les services bénévolement et généreusement. Celle d'*État-protecteur* est focalisée sur une dimension certes centrale du *Welfare State*, — celle de la protection sociale et de la sécurité sociale —, mais, comme on le verra par la suite, d'autres dimensions sociales et politiques caractérisent le *Welfare State*. Enfin, l'expression *État du bien-être* est quelque peu mystificatrice. Elle laisse croire que le «bonheur» est déjà réalisé par l'État et grâce à l'État, ce qui n'est manifestement pas vrai. J'utiliserai donc une expression hybride, *l'État du Welfare*, qui donne le sens de l'action et des dynamiques réelles, à savoir l'existence d'un système politique et social fondé sur des principes, des règles et des institutions qui visent à promouvoir la réalisation du bien commun.

Selon l'esprit du temps, nous devons désinventer l'État [8]. Le rôle de celui-ci devrait être réduit à la création de l'environnement (du champ) le plus favorable au bon déroulement des stratégies et des cheminements individuels de lutte pour la survie.

On a également réussi à nous faire croire que ce qui compte c'est le marché et que ses règles de fonctionnement, ses prétendues « lois naturelles » doivent l'emporter sur tout autre principe. La liberté fondamentale primordiale dans nos sociétés est devenue la liberté du marché. Les autres libertés en découlent et en dépendent. Tout doit être mis au service de la « Sainte Trinité » du Dieu Marché, à savoir : libéralisation, déréglementation, privatisation.

La société mondiale actuelle est en train d'être « unifiée » principalement par la mondialisation des capitaux, des marchés financiers, des transports, des communications, des entreprises, de la consommation. Dans le cadre du marché mondial intégré en émergence, rien n'est garanti, assuré. Tout est à conquérir. L'intérêt de celui qui gagne devient l'intérêt général.

On a vidé nos sociétés de ce qui les fait vivre : le bien commun.

Le but de cet ouvrage est de montrer que le bien commun est à la base de l'existence et du développement d'une société.

Qu'est aujourd'hui le bien commun ? N'est-ce pas faire preuve d'utopisme angélique que d'en parler dans les conditions actuelles ? Est-il possible de fonder l'avenir de nos sociétés sur lui ? Quel est-il ? On parle de société mondiale. Est-ce possible d'en parler sans bien commun mondial ? Et un bien commun mondial est-il concevable ?

La proposition-cadre de cet ouvrage repose sur *l'inévitabilité d'« être et faire ensemble »* à l'échelle de la société mondiale ; d'où l'urgence et la nécessité de réfléchir sur le bien commun au niveau des différentes sociétés qui composent la société mondiale, et de la société mondiale elle-même. Cet ouvrage a la prétention de considérer que *le bien commun est représenté par l'existence de l'autre.*

L'importance primordiale de « l'existence de l'autre » est à la base de toute société et de toute culture, qu'elle soit judéo-chrétienne, islamique, bouddhiste, shintoïste, laïque... C'est parce qu'il existe un « toi » (l'altérité) que le « moi » existe. L'existence de l'autre est également une condition nécessaire et indispensable pour et dans le vécu humain et social. Pour que l'existence de l'autre se réalise, il faut des conditions d'esprit (le système de valeurs, la symbolique) et d'action (les institutions politiques, les moyens économiques) précises et durables.

L'objet du bien commun est la *richesse commune*, à savoir l'ensemble des principes, des règles, des institutions et des moyens qui permettent de promouvoir et garantir l'existence de tous les membres d'une communauté humaine. Sur le plan immatériel, l'un des éléments du bien commun est constitué par le triptyque reconnaissance-respect-tolérance dans les relations avec l'autre. Sur le plan matériel, le bien commun se structure autour du droit à *l'accès juste* pour tous à l'alimentation, au logement, à l'énergie, à l'éducation, à la santé, au transport, à l'information, à la démocratie et à l'expression artistique.

Aujourd'hui, nous sommes confrontés à la nécessité de (re)construire le bien commun. Sa (re)construction implique des transformations considérables aux plans politique, économique et social. À titre d'exemple, l'ouvrage traitera de l'urgence et de la nécessité d'une nouvelle fiscalité et d'un nouveau système financier mondial, pour mettre l'économie au service du « bien commun » mondial.

Il n'y a pas de doute que le passage de la société mondiale compétitive à la société mondiale fondée sur la solidarité et la coopération, ne se fera ni facilement ni dans l'espace de 10-15 ans. Nos sociétés sont engagées dans une œuvre d'ingénierie sociale nouvelle qui les verra donner le meilleur d'elles-mêmes au cours des 30-40 prochaines années. Nous pouvons cependant, dès maintenant, arrêter les effets néfastes des conceptions et des politiques qui ont triomphé ces vingt dernières années. L'histoire n'est nullement terminée avec la victoire — nécessairement provisoire — de l'économie de marché capitaliste mondialisée, libéralisée, déréglementée, privatisée, compétitive. L'avenir reste entièrement à construire.

L'existence de l'autre en tant que principale expression du bien commun, en lieu et place de l'apartheid social mondial, voilà le « moteur » qui construira l'avenir et fera grandir les sociétés humaines au cours du prochain siècle.

Sociétés et bien commun

Toute société a besoin pour naître, se développer et se maintenir, de se fonder sur plusieurs « biens communs », par exemple, le sentiment *d'appartenir* à un groupement humain distinct par le mode de vie, l'habitat, la religion... D'où l'idée que la « nation », une « société nationale », est surtout « une volonté commune », une volonté de vivre ensemble [9].

Plus les moments et les faits du « vivre ensemble » sont nombreux, durables, dramatiques, et plus ils deviennent les signes porteurs de l'appartenance, à savoir *l'identité* d'un groupe social, de la population d'une région. Cette identité vécue, promue, défendue au cours de l'histoire (courte ou longue) devient un *patrimoine commun* sous forme de principes, règles, traditions, institutions, espaces construits. L'ampleur et la force de *cohésion* entre les membres d'une société sont étroitement liées à ces événements. Plus la cohésion est forte, plus la *solidarité* agit en tant que génératrice d'une conscience et d'une pratique de *l'intérêt général.* C'est ainsi que la société devient une « bonne » société dans l'imaginaire collectif et dans le vécu quotidien.

Une bonne société

Bien entendu, la définition d'une « bonne » société varie d'une culture à l'autre, à travers le temps et les groupes sociaux.

En Inde, les castes dominantes considèrent qu'il est « juste » et « bon » qu'il existe des castes, ceci étant lié à la croyance en la métempsycose (la réincarnation de l'esprit humain dans un autre être humain ou dans une plante, un animal). Un Européen a beaucoup de difficultés à accepter l'existence des castes comme signe d'une « bonne » société. À l'inverse, la grande majorité des Indiens comprennent très mal la logique conquérante et dévastatrice sous-jacente à l'un des principes-clés de notre vision du monde : la croissance économique; même si, suite à la colonisation par les Britanniques et sous la pression des castes dominantes, la fièvre de la consommation et de la croissance à l'occidentale a fait beaucoup adeptes dont le nombre grandit chaque jour.

En Amérique du Nord et en Europe, la transplantation d'organes humains, y compris celle du cœur, fait partie des services médicaux promus et pratiqués par une « bonne » société. Les pouvoirs publics s'efforcent en effet de favoriser la recherche médicale, ainsi que les infrastructures technologiques et matérielles nécessaires pour que les transplantations puissent être effectuées dans l'intérêt du plus grand nombre de patients qui, dans le cas de la transplantation du cœur et du foie, sont destinés à mourir sans une telle intervention. Au Japon, la transplantation d'organes vitaux comme le cœur et le foie n'est pas autorisée. Elle est même punie comme délit. La transplantation des autres organes n'est pas interdite légalement, mais elle est rarement pratiquée. Dans la culture japonaise, le corps humain est un tout.

Il n'y a pas de séparation entre le corps et l'esprit. Même mort, le corps humain doit rester intact pour entamer le voyage de l'après-vie. Pour la très grande majorité des Japonais, le prélèvement d'un organe vital signifie l'aliénation d'une partie de l'âme.

Au Royaume-Uni, à l'heure actuelle, le pouvoir de licenciement accordé à l'employeur, à tout moment et en pleine liberté discrétionnaire, est considéré comme faisant partie d'une « bonne » société, ce qui n'est manifestement pas le cas.

Le concept de « bonne » société utilisé ici n'a aucune prétention scientifique. Par celui-ci, j'entends simplement une société fondée sur les principes de *justice sociale*[11]. Ce fut également longtemps la conviction des Danois, qui estimaient que leur société était la « meilleure bonne société » au monde ; ils fondaient cette certitude sur le fait d'avoir bâti un système construit sur la justice sociale où, effectivement, personne n'avait à craindre la « banqueroute » individuelle et la dégringolade économique et sociale en cas de maladie ou de chômage.

Cette brève précision sur le concept de « bonne » société était nécessaire, car tout concept est ambigu en raison de la multiplicité des significations qu'on lui donne à des époques différentes, selon les pays, en fonction des intérêts particuliers des groupes sociaux et des valeurs prédominantes.

Les deux principes fondateurs de la « bonne » société, *la citoyenneté et la solidarité*, n'échappent pas à cette règle.

Vers la citoyenneté sociale

Historiquement, la *citoyenneté* est un concept qui détermine et fixe l'appartenance d'un être humain à une société donnée. La qualité de « citoyen romain » (*civis romanus*) fut un moyen de fonder et de codifier l'appartenance à la société romaine, d'affirmer une identité des citoyens romains par rapport à ceux qui ne l'étaient pas et que l'on appelait les « barbares ».

Comme on le voit par cet exemple, les sources *possibles* de l'exclusion, du rejet de l'autre, sont liées à la citoyenneté elle-même. Tout dépend des fondements et des modes de concrétisation de celle-ci. Une société qui fonde l'appartenance sur des bases d'ouverture, de dialogue et de respect des autres groupements humains ne se traduit pas par une citoyenneté excluante et ségrégationniste. En revanche, l'exclusion est l'inévitable résultat d'une société qui conçoit et pratique la citoyenneté d'une manière centrée exclusivement sur l'unité de son groupe humain et, par conséquent, sur le caractère irréductible de la diversité entre cultures, pays, civilisations.

Le concept et la pratique modernes de la citoyenneté sont liés à l'État libéral démocratique né des « révolutions » libérales anglaise, américaine et française des XVIIe et XVIIIe siècles.

L'État libéral, devenu par la suite démocratique — timidement au XIXe siècle, puis plus fermement au cours de ce siècle —, a donné un caractère ouvert à la citoyenneté. Pendant longtemps, elle avait été définie et « octroyée » dans les sociétés européennes des XVIIe et XVIIIe siècles, par et à travers la « nationalité ». Jusqu'à une époque récente, l'État-nation n'attribuait la citoyenneté qu'aux « nationaux ». On devenait citoyen belge, français, japonais, allemand, brésilien car on était né en Belgique, en France... ou de père et/ou de mère belge(s), français... (selon la législation).

Cela reste encore *la* règle générale, mais il y a eu d'importantes évolutions. Par exemple, un citoyen italien est considéré en Belgique comme un citoyen jouissant de la quasi-totalité des droits qu'on donne aux citoyens belges. La même remarque vaut en principe — avec cependant des différences de traitement parfois considérables — pour l'ensemble des immigrants. Les sociétés européennes occidentales ont évolué vers une conception plus « humaine » que légale et politique de la citoyenneté : on est un citoyen parce qu'on est un être humain et pas seulement parce qu'on est Français, Japonais, Allemand, Brésilien...

Le changement est d'une portée considérable. Le régulateur, le garant reste la société État-nation, mais l'espace de reconnaissance et de concrétisation de la citoyenneté n'est plus seulement l'espace de l'État-nation (ou d'un État multinational) : il le déborde pour s'approcher de celui de la société tout court.

La réalité est encore bien éloignée d'une telle situation. On note même, ces derniers temps, une certaine régression, notamment vis-à-vis des immigrés. Mais, jusqu'à il y a une vingtaine d'années, nous étions sur le chemin indiqué.

Cette évolution a pu se dessiner parce qu'un deuxième grand mouvement historique est venu enrichir le concept de la citoyenneté, en lui donnant le sens et le contenu qu'on lui connaît dans les sociétés occidentales ou occidentalisées.

Il s'agit du mouvement historique porteur du principe de la solidarité, qui a transformé l'État libéral démocratique en État social démocratique (le *Welfare State*), et la citoyenneté civile et politique en citoyenneté sociale.

Cette transformation n'a pas été la seule et principale transformation du concept et des pratiques de citoyenneté due aux luttes du XIXe siècle pour la justice et la démocratie sociale et économique. De ces grandes luttes est née également une autre tentative d'édification d'un système social nouveau : la société communiste, exemplifiée, avec la révolution d'octobre 1917, par la création de l'Union des Républiques Socialistes Soviétiques. La formation de l'URSS a donné naissance à une division du monde entre les sociétés (et États) se réclamant du « capitalisme libéral » et le nouvel État, se proclamant un « État communiste », un « État socialiste ». Ce n'est pas ici le lieu pour un approfondissement du rôle joué par l'avènement de l'URSS. Il suffit, pour nos propos, de souligner un fait important : le développement de l'État social démocratique doit autant à la pression extérieure venant d'une idéologie et d'un système se voulant alternatif au capitalisme libéral, qu'à l'action réformatrice et progressiste des mouvements ouvriers socialistes puis chrétiens sociaux ; une pression qui a convaincu les forces conservatrices au pouvoir de « lâcher du lest », comme l'avait déjà fait Bismark dans les années 1880, avec la promulgation des lois sur les assurances obligatoires, dans l'espoir d'arrêter la montée du mouvement socialiste.

La *citoyenneté sociale* couvre l'ensemble des droits et des devoirs ayant trait au bien-être du citoyen défini dans un sens très large : travail, éducation, santé, qualité de vie. Il revient au Britannique T. H. Marshall d'avoir théorisé de manière cohérente la triple dimension de la citoyenneté, à savoir :

• *citoyenneté civile*, couvrant les droits nécessaires à la liberté individuelle (liberté de la personne, de parole, de pensée, de croyance, liberté de propriété, droit à la justice...) ;

• *citoyenneté politique*, couvrant les droits nécessaires à la participation à l'exercice du pouvoir politique (liberté de réunion, de presse, liberté d'élire et d'être élu, liberté de constitution de partis politiques, liberté syndicale...) ;

• *citoyenneté sociale*, couvrant les droits nécessaires à une existence décente minimale sur le plan économique (par exemple droit au travail), du bien-être matériel (revenu de base ou revenu minimal garanti, allocations familiales, égalité des chances...), de la sécurité (droit à la santé, à la pension, protection contre les risques...) [12].

De l'assistance publique à la solidarité

La *solidarité* est le deuxième principe fondateur des sociétés occidentales dans leur effort de construction d'une « bonne » société.

À l'origine, c'est- à-dire dans la deuxième moitié du siècle dernier, le mouvement en faveur de la solidarité s'est manifesté sous forme d'aides aux plus pauvres, aux plus démunis. Il s'agit de *la filière de l'assistance publique* (ou assistance sociale) dans le processus de formation de l'État du *Welfare*. Il faut se rappeler les conditions de vie et de travail misérables de la grande masse de personnes (pour la plupart paysans) qui, dès le début du XIXe siècle, avaient servi de « ressource » à l'industrialisation et à l'urbanisation anarchique de l'Europe et des États-Unis.

Une intéressante étude américaine [13] démontre que les initiatives prises en faveur des pauvres et des plus démunis ne peuvent pas être considérées comme l'émergence, quoique timide, du principe de solidarité dans les sociétés capitalistes européennes et américaines du XIXe siècle.

C'est la peur des conséquences possibles de la « haine du pauvre pour les riches », la crainte des révoltes sociales violentes, qui ont poussé les pouvoirs en place à adopter des mesures positives pour améliorer les conditions du pauvre. Dans les années '20 et '30, pour beaucoup de dirigeants, le but principal était d'éviter l'éventuelle victoire des social-communistes, qui étaient d'ailleurs farouchement opposés à ce genre de « charité concédée » qui se substituait à une véritable « justice sociale ».

D'après les auteurs de l'étude, une fois le risque de révolte sociale disparu ou affaibli, les programmes sociaux sont « mis au frigo », voire éliminés. En outre, il se fait que les bénéfices des mesures publiques en faveur des pauvres tournent très souvent à l'avantage des couches les plus riches.

Je souscris aux analyses des auteurs américains. La solidarité implique un *partage* organique de la richesse d'un pays dans le but de créer la *richesse commune*, en termes d'infrastructures, de biens et de services considérés nécessaires et indispensables au bon fonctionnement et au bon développement de la société.

Cette solidarité est enracinée dans une vision « mutualiste » de l'avenir individuel et collectif. La *solidarité mutualiste* se différencie de la *solidarité altruiste* , où l'action solidaire se fait — comme dans l'acte du don — sans attente d'un retour de la part du (des) bénéficiaire(s) de l'action solidaire.

Cette forme de solidarité se fonde sur la règle de la gratuité : j'agis en faveur des ou pour les autres sans demander ni vouloir une contrepartie[14].

Malgré ses limites, l'assistance publique a représenté une conquête sociale importante dans l'histoire de nos sociétés. *Volens nolens*, l'État a dû — de manière plus fréquente que par le passé — prendre position en faveur des plus faibles, des plus pauvres.

Il faut attendre la grande crise du capitalisme américain des années 1929-32, ainsi que l'emprise funeste, en Europe, du totalitarisme, national-socialiste nazi et fasciste, pour que naisse le *Welfare State*, fondé sur le principe de la solidarité.

L'État du Welfare : Une véritable transformation de société Variété des expériences

L'État du *Welfare* a pris forme aux États-Unis suite à l'approbation par le Congrès américain, entre 1933 et 1936, du *New Deal* (le nouveau pacte), un vaste programme politico-économique et social proposé par le Président Roosevelt — fraîchement élu. Celui-ci avait fait campagne pour redonner à l'État un rôle prépondérant dans la restauration de l'économie et des biens sociaux aux États-Unis, après les terribles dévastations opérées par la crise.

À peu près à la même période, le *Welfare State* s'est développé également en Suède, au Danemark et en Norvège pour y atteindre, dans l'immédiat après-guerre, les configurations et les contenus les plus avancés et innovateurs au monde.

Il est vrai que l'État du *Welfare* scandinave — et sur un plan plus général, européen occidental — s'est construit sur des bases et des modalités différentes de celles des États-Unis, en particulier en ce qui concerne le plein emploi et le principe d'universalité de la sécurité sociale.

Aux États-Unis, le plein emploi n'a pas été considéré comme le principal objectif du *Welfare State.* C'est ainsi que pendant les années '50 et '60, le niveau du chômage y est resté relativement élevé (autour de 5 à 6%) [15]. Il en a été de même pour l'assurance-santé : elle a été laissée à charge de la population ayant un emploi. Pas d'allocations familiales non plus.

Lorsque les mesures adoptées dans les années '30 furent revues dans le courant des années '60, l'esprit de la réforme ne fut pas d'aller dans la direction d'un système universel de *Welfare* modèle suédois.

La réforme fut lancée par le Président H. J. Johnson dans le cadre de sa campagne en faveur de la création de *The Great Society* (La Grande Société) et de *War on Poverty* (Guerre à la pauvreté). En effet, malgré les 30 ans de *Welfare State* et une croissance économique ininterrompue, la pauvreté non seulement n'avait pas été éliminée, mais s'était davantage incrustée dans le tissu social américain. Les États-Unis restaient un pays divisé entre *the have* (ceux qui ont) et *the have not* (ceux qui n'ont pas) suivant, surtout, le clivage racial Blancs et Noirs (et autres immigrants de couleur). Malgré les bonnes intentions de la « guerre à la pauvreté », les mesures prises renforcèrent la séparation — ou bifurcation — entre le système de sécurité sociale lié aux contributions et aux revenus (par exemple, le célèbre programme *Medicare* — assurance-santé — destiné aux pensionnés ex-contributeurs) et le système de programmes spécifiques d'assistance destinés aux pauvres à bas revenus ou sans revenus, tels que le programme SSI (revenu de sécurité supplémentaire), le programme AFDC (aide aux familles avec des enfants à charge) et les prestations en nature (telles que les *food stamps*, l'assistance médicale et le logement).

Dès la fin des années '60, l'État du *Welfare* américain accentua son caractère dualiste : d'une part, une redistribution des bénéfices sociaux en fonction des contributions payées (d'où : plus on est riche, mieux on sera assuré et protégé) et, d'autre part, un système d'interventions sociales pour les catégories les plus défavorisées, financé par des taxes et des déficits budgétaires. Le premier système a été chaleureusement promu et défendu par les classes aisées et les classes moyennes, alors qu'elles ont toujours considéré le deuxième système comme un gaspillage de la richesse du pays.

Au cœur de *l'État du Welfare* européen occidental, on trouve, en revanche, l'objectif du *plein emploi*, le principe de la sécurité sociale universelle pour tout citoyen (conformément au fameux principe introduit au Royaume-Uni par le libéral William Beveridge : « du berceau au tombeau ») indépendamment du revenu, du niveau d'éducation, des croyances religieuses, de la race... On y trouve également une gestion des biens et services du *Welfare* centralisée par l'État et s'appuyant sur un système de négociations collectives permanentes à tous les niveaux. L'État du *Welfare* allemand a réussi à développer les formes de concertation et de codétermination les plus avancées et efficaces au monde.

Le travail rémunéré pour tous est à la base de l'organisation sociale, économique et politique nouvelle du *Welfare State* en Europe. On le trouve dans le *Welfare State* britannique, né après la 2e Guerre Mondiale suite à la publication en 1942, par Beveridge, du *Rapport sur l'Assurance Sociale* (*Report on Social Insurance*) et, surtout en 1944 , du rapport *Le Plein Emploi dans une Société libre* (*Full Employment in a Free Society*). Tout en croyant fermement à une « société libre » et à une « économie de marché », William Beveridge contribua à mettre en place un système centré sur la politique du plein emploi, grâce à laquelle l'État pouvait promouvoir et organiser le bien-être universel minimal garanti à tous les citoyens du Royaume [16]. La Constitution de la République italienne est la plus explicite. Elle définit l'Italie comme « une république fondée sur le travail ». L'objectif du plein emploi figure aussi dans la Constitution française de 1946. Par la politique du plein emploi, cohérente application au plan économique du principe politico-social du « travail pour tous », l'État du *Welfare* assure — grâce aux cotisations sociales et aux taxes sur le revenu — le financement de l'ensemble des dépenses sociales couvrant non seulement ceux qui ont un emploi (et les personnes à leur charge) mais la population tout entière. Ce dispositif a atteint les formes les plus avancées dans les pays scandinaves [17]. En garantissant l'accès aux biens et services de l'État du *Welfare* à tout citoyen, on a opéré une véritable « redistribution » de la richesse du pays. La solidarité s'affirme clairement en tant que principe fondateur d'une « bonne » société. Résultat : les inégalités de revenu entre les individus et les régions d'un même pays ont eu tendance à baisser, entre 1950 et 1975, dans tous les pays de la Communauté Européenne[18].

En promouvant le partage des richesses, l'État du *Welfare* a institutionnalisé, pour la première fois dans l'histoire des sociétés occidentales, l'un des principes fondamentaux de toute « bonne » société organisée, à savoir que les règles et modalités de la redistribution de la richesse sont définies et imposées ou agréées par la société *avant* la production de la richesse. Il s'agit d'un aspect capital.

Dans les sociétés féodales, la redistribution de la richesse en faveur des seigneurs, grâce à l'exploitation systématique et brutale des paysans, fut simplement imposée. Les révoltes paysannes, souvent sanglantes, qui ont éclaté partout en Europe à travers les siècles, témoignent de l'injustice profonde d'une telle redistribution et de la volonté désespérée d'en sortir.

À l'époque du capitalisme industriel des XVIIIe et XIXe siècles, la redistribution s'est faite systématiquement en faveur du capital. Imposée elle aussi, elle ne dépendait pas de la production de la richesse. Quelle que fût la richesse produite, elle était en priorité, par volonté du système, redistribuée à l'avantage des détenteurs du capital. Les révoltes ouvrières et les luttes sociales des XIXe et XXe siècles ont réussi à renverser ce système.

Par la création du *Welfare State*, la redistribution de la richesse est, *pour la première fois*, décidée, établie *et agréée* par l'ensemble de la population d'un pays (via les institutions parlementaires et les conventions collectives) *en faveur des citoyens* (et, dans le cas du *Welfare State* européen, de *tous* les citoyens).

Ceux qui affirment que pour redistribuer la richesse, il faut d'abord la produire, se trompent ou défendent une conception élitiste et inégalitaire de la société. Issue en général des couches sociales les plus favorisées, cette thèse est mystificatrice car elle laisse supposer que, en l'absence d'un accord social préalable sur la redistribution des gains de productivité entre capital et travail, la redistribution par les libres forces du marché se fera également dans l'intérêt de l'ensemble de la population, en faveur du bien commun. Ce qui est manifestement faux.

Par le plein emploi et la redistribution de la richesse dans l'intérêt de tous les citoyens, le *Welfare State* modèle scandinave/européen a permis également de promouvoir et d'assurer *les deux principes-ciment* d'une « bonne » société, à savoir : *la sécurité d'existence* et *la garantie des droits.* Il s'est affirmé, en fait, en tant que gérant et gestionnaire du *long terme.* C'est cela qui *a fait grandir la cohésion sociale* dans nos pays, et promu une culture et une conscience du bien commun, restées certes encore très relatives, mais évoluant dans un contexte général plutôt favorable.

D'une société divisée, fragmentée, polarisée entre « ceux qui ont » et « qui sont » et « ceux qui n'ont pas » et « ne sont pas », comme l'était la société capitaliste libérale, le *Welfare State* européen a fait une société plutôt unifiée, intégrée. Bien entendu, les inégalités de revenus et d'accès n'ont pas été éliminées, notamment aux États-Unis, à cause *entre autres* du fait racial. Le racisme des Blancs vis-à-vis des Noirs n'a jamais quitté la société *made in USA*. La discrimination raciale a survécu au *Welfare State*, et pas seulement aux États-Unis.

Au-delà du fait racial, qui, souvent, reflète plutôt des oppositions entre classes sociales, la principale raison de la survie des logiques inégalitaires dans le cadre du *Welfare State* est de nature politique et socio-culturelle. En fait, le nouveau système de citoyenneté et de solidarité s'est greffé sur les fondements de la société capitaliste, sans pouvoir ou vouloir réussir à en modifier les fondements. Le *Welfare State* américain, ainsi que le modèle britannique, se sont construits délibérément « sur la base des — et en cohérence avec les — fondements et principes de la société capitaliste». Le *Welfare State* scandinave a été beaucoup plus loin dans la modification du capitalisme. Il est le seul modèle d'État du *Welfare* qui ne peut être défini comme étant *corporate Welfare State*, c'est-à-dire un État du *Welfare* centré sur l'entreprise ; d'où la grande différence entre le modèle « dualiste » américain et le modèle « intégrationniste » suédois. Le capitalisme a survécu partout car nos sociétés étaient trop radicalement imbibées du principe des droits de la propriété privée et de la liberté du commerce, de l'industrie et des revenus. Ces droits ont été considérés comme faisant partie des libertés fondamentales inaliénables de la société moderne [19].

La permanence des fondements de la société capitaliste a rendu « structurellement » vulnérable le *Welfare* State, comme on le sait maintenant. Il a suffi que les forces à la base de la société capitaliste parviennent (pour des raisons qui seront analysées au chapitre suivant) à s'imposer pour que l'État du *Welfare* soit mis en crise, déstabilisé, voire démantelé.

La mosaïque du « bien commun »

Le *Welfare State* a représenté une grande « révolution sociale ». Il a été à la base d'une grande période d'innovations sociales.

Il a affirmé, appliqué et promu une série considérable de nouveaux principes et de nouvelles règles, et a été à l'origine de nouvelles institutions et de nouvelles pratiques politiques, économiques et sociales, qui avaient été considérées pendant des siècles comme des utopies irréalistes, telles que :

- le droit au travail pour tous,
- le plein emploi,
- un revenu décent pour tout travailleur,
- la sécurité sociale pour tous, sans discrimination et sans exclusions sociales,

• la protection contre les risques de la vie,

• le droit à un revenu minimal d'existence (personne n'a le droit d'être pauvre),

• l'égalité des chances d'accès (dans le respect de l'altérité, dans la tolérance, par le dialogue) à l'éducation, à la santé, à l'information,

• la concertation sociale comme solution aux conflits sociaux,

• la redistribution de la richesse dans l'intérêt général grâce, entre autres, à une fiscalité progressive,

• la mise en place d'un système public pour la production et la fourniture généralisée des biens et services de base faisant partie de la richesse commune,

• un État démocratique représentatif, cherchant à évoluer vers une démocratie participative,

• la promotion et le développement d'une culture civique centrée sur le bien commun.

Ce faisant, il a graduellement ajusté les pièces maîtresses de *la mosaïque du bien commun*, expression de cette justice sociale qui fait d'un pays une « bonne » société.

Comme on le voit,

• le *Welfare State* est plus qu'un ensemble de dépenses sociales, inspirées par le principe de l'assurance. On ne saurait dès lors réduire une « bonne » société à l'organisation, au plan national, continental et mondial, d'un marché d'assurances individuelles et collectives ;

• le *Welfare* State ne peut non plus être réduit à une question d'efficacité : gestion étatique ou pluraliste, centralisée ou décentralisée ;

• le principe inspirateur du *Welfare State* n'a pas été la promotion d'une redistribution nouvelle de la richesse pour permettre au plus grand nombre de « citoyens » de devenir des consommateurs solvables. La stimulation de la demande marchande constitue seulement une des dimensions de la politique économique de l'État du *Welfare*. C'est particulièrement manifeste en Belgique, où l'on ne parle d'augmentation du pouvoir d'achat qu'en termes de « relance de la consommation ».

L'État du *Welfare* a surtout démontré un fait fondamental : *la solidarité est à la base du développement social et du fonctionnement efficace de l'économie d'un pays*. Dès lors, plus l'économie se mondialise, plus des formes appropriées de solidarité à l'échelle mondiale deviennent nécessaires et indispensables pour assurer le développement social mondial et le fonctionnement efficace de l'économie mondiale.

Depuis environ vingt ans, nos sociétés sont en train de déstructurer et de détruire la mosaïque.

La Mosaïque du « bien commun »

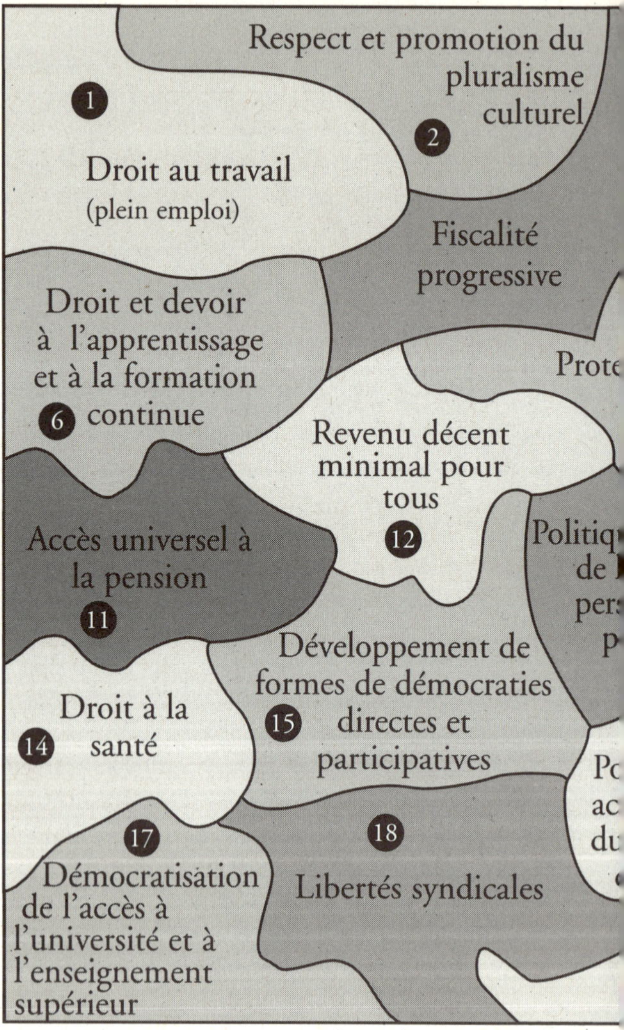

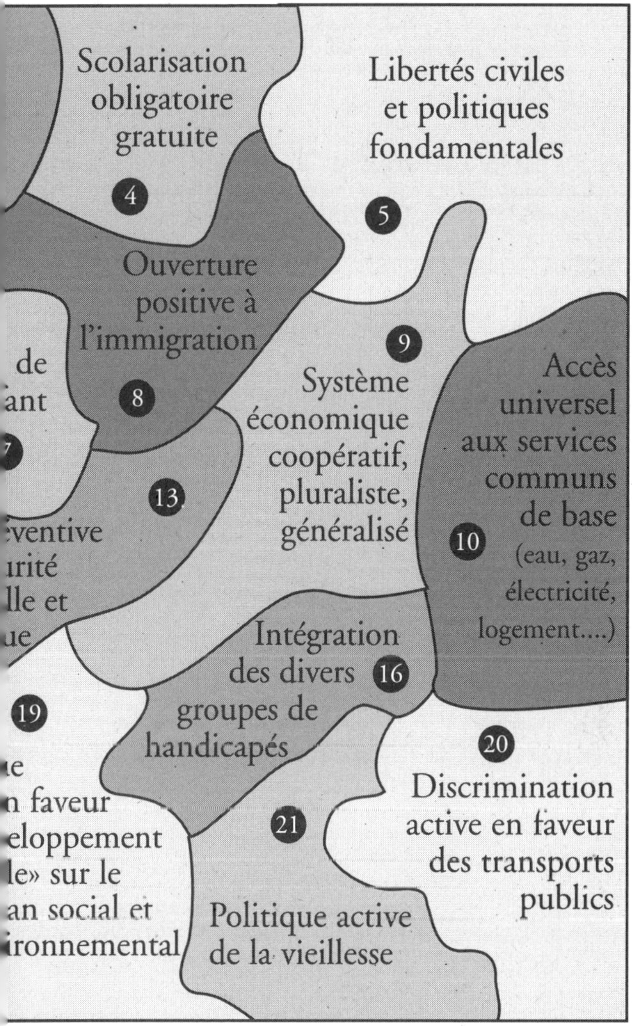

Approche basée principalement
sur le vécu des sociétés « occidentales »

La destruction : réussites et limites

L'œuvre de destruction ne date pas de ces dernières années. Les forces conservatrices de tous bords, dans tous les pays, n'ont jamais cessé, depuis le XIXe siècle, de s'attaquer aux principes de la citoyenneté et de la solidarité.

Aux États-Unis, elles ont même failli réussir à empêcher l'approbation des lois du *New Deal* rooseveltien. Organe renommé depuis toujours pour son inspiration plutôt conservatrice, la Cour Constitutionnelle essaya, en 1934-36, de déclarer ces lois anticonstitutionnelles ; mais le Président Roosevelt l'emporta.

Ironie de l'histoire, le « mérite » d'avoir mis fin, après 60 ans, au système du *Welfare State* rooseveltien, est revenu maintenant à un autre président, démocrate lui aussi : Bill Clinton. Celui-ci a signé en août dernier un décret portant sur la réforme de l'aide sociale. Le président républicain Ronald Reagan, qui avait pourtant bâti sa campagne électorale victorieuse en 1980, sur le slogan « guerre au *Welfare* » (*War on Welfare*), n'y est pas parvenu, malgré les efforts déployés pendant 8 ans. En revanche, le Président Clinton avait proclamé qu'il allait « mettre fin au *Welfare State* que l'on connaît ». Il a tenu promesse...

L'apparition du thème de « La crise de l'État du Welfare »

C'est spécialement à partir des années '70 que les principes de la citoyenneté et de la solidarité, en tant que fondements d'une « bonne » société et d'une économie efficace, ont été soumis à la critique serrée des forces conservatrices et ont dû faire face aux défis nouveaux posés par des mutations importantes aux plans technologique, économique et social.

Au départ, il y eut les attaques de nature politico-idéologiques venant des forces conservatrices des États-Unis (dès 1933) et d'Europe occidentale (dès les années '45-'50), qui n'ont jamais accepté la conception et la mise en place de l'État du *Welfare*[20].

Auparavant, l'état d'esprit positif sous-jacent à la période de reconstruction de l'après-guerre facilita l'ardeur et l'œuvre innovatrice des promoteurs de l'État du *Welfare*. L'opinion publique était en général sensible et favorable à l'idée de la construction d'un monde meilleur, fondé sur le bien-être économique et social pour tous, la lutte contre la misère et l'injustice sociale, la solidarité entre les générations, la paix et la coopération internationale.

La forte croissance économique aidant, les années '50 et '60 furent de bonnes années pour l'État du *Welfare* et pour l'application des conceptions keynésiennes (intervention importante de l'État pour soutenir l'expansion de la demande et donc un niveau suffisant de consommation capable d'assurer le plein emploi). À partir du milieu des années '60, le climat commença à changer significativement sous l'influence de nouveaux changements technologiques, économiques, sociaux et politico-idéologiques qui redonnèrent vigueur et une (certaine) crédibilité aux critiques et à l'action des forces conservatrices.

Au lieu de servir la promotion et le développement du bien-être collectif, ces changements ont joué dans le sens contraire, favorisant les mécanismes de réduction de la richesse commune et de blocage du partage de la richesse du pays.

On a ainsi parlé, dès les années '70, de « crise de l'État du *Welfare* », qui fut surtout, à mon avis, une crise de crédibilité et de confiance envers les principes de cet État agissant « dans la tête » des classes dirigeantes des pays occidentaux.[21]

On peut regrouper les principales critiques et « mises en accusation » de la « bonne » société, en deux catégories principales :

- celles qui se situent au niveau idéologique, au niveau des valeurs ;
- celles se situant au niveau de l'efficacité économique et sociale [22].

L'État du *Welfare* étant l'expression centrale la plus visible d'une «bonne» société moderne (sans pourtant que l'on puisse réduire la «bonne» société et le bien commun au *Welfare State*), on commencera par les attaques portées contre celui-ci, ce qui nous permettra d'aborder également les autres aspects du problème.

On ne veut plus de l'État du Welfare : critiques idéologiques et morales

Parmi les critiques et les mises en accusation de cette dernière catégorie, la première qui émerge concerne la priorité donnée aux *droits* du citoyen. Pour les forces conservatrices il y a lieu de se préoccuper des *devoirs* du citoyen, autant, sinon davantage, que de ses droits. Il n'y a pas, disent-elles, de droit (social notamment)

« accordé » à la personne humaine sans contrepartie. L'individu doit montrer qu'il mérite le droit « qu'on lui accorde ». La citoyenneté sociale ne saurait être donnée par décret : elle s'acquiert. Elle peut être enlevée, amputée, suspendue. Dès lors, les forces conservatrices ne comprennent pas et n'admettent pas qu'il y ait un droit au travail, un droit à la santé, un droit au revenu minimal d'existence, à l'éducation[23]. Ces droits « accordés » ne constituent pas des droits « acquis pour toujours » mais sont réversibles. Seul le droit de propriété est « intouchable ». Pour les forces conservatrices, une société doit être basée avant tout sur la responsabilité individuelle. Reconnaître des droits signifie déresponsabiliser les bénéficiaires. Accorder l'allocation de chômage, par exemple, c'est démotiver le chômeur à chercher un nouvel emploi.

À leurs yeux, le cas de l'aide sociale à *la famille* — unité de base de la société occidentale — est particulièrement significatif. Le père, la mère ne sauraient être l'objet d'une protection sociale « gratuite » garantie *a priori*. On ne doit pas enseigner aux enfants qu'ils ont des droits. La désintégration des structures et des valeurs familiales (taux élevé de divorces et de naissances extra-mariage, multiplication des ménages monoparentaux, disparition de la famille intergénérationnelle,...) est due, disent les forces conservatrices, au *Welfare* et au « laxisme » social et moral qui l'accompagne. Aux États-Unis, la majorité des gens pensent que c'est parce que l'on accorde des allocations « généreuses », aux mères célibataires que les filles, notamment de la communauté noire, ont perdu la conscience des valeurs familiales. La restauration de la famille et des valeurs morales familiales passe, dès lors, par l'abandon du *Welfare State*[24].

La critique axée sur l'opposition *droits/devoirs* fait partie du bagage idéologique et culturel de ce que, en Europe, on appelle la Droite conservatrice traditionnelle. Elle s'appuie sur une conception élitiste de la société, fondée sur la culture du « meilleur ». Pensons à présent aux thèses d'origine américaine sur la *méritocratie*, qui eurent un certain succès dans les années '70. Pensons aussi aux thèses développées dans les années '80 sur le caractère « naturel » des inégalités entre les individus et les groupements humains et, donc, sur le caractère « anti-naturel » (car « destinées à l'échec ») des mesures visant à assurer, au niveau des droits, l'égalité universelle entre les personnes. Ces thèses sont soutenues et répandues par l'armée mondiale des « gourous » du business et de la gestion, et par des économistes qui pensent selon « l'esprit du temps ». Aussi a-t-on assisté à la prolifération d'analyses défendant la nécessité et l'inévitabilité d'un retour à des inégalités de revenus plus grandes entre les personnes[25].

Selon les forces conservatrices, l'accent mis sur les droits a contribué à transformer les sociétés occidentales en des ensembles composés d'assistés chroniques, et a tué en elles l'esprit d'initiative, de créativité et d'innovation. Ce qui est encore plus grave à leurs yeux, c'est que l'État du *Welfare* aurait pénalisé le droit à la propriété par rapport aux droits au travail, à la pension, à la santé. Il aurait enlevé aux possesseurs de capitaux tout intérêt à investir, en distribuant la plus large partie de la richesse produite, non pas en faveur de ceux qui ont investi, en plaçant à risque leurs capitaux, mais de ceux qui n'ont rien fait pour la produire ou, tout au plus, n'ont contribué à sa production qu'en des proportions inférieures à celles des détenteurs du capital. La primauté des droits aurait été — et serait — immorale.

La deuxième critique porte sur le *rôle accordé à l'État* en tant qu'acteur prédominant, voire exclusif, du système de la sécurité sociale. L'État, dit la critique, se prête facilement à la bureaucratisation stérilisante, à la corruption et à la prévarication des groupes d'intérêt qui ont réussi à s'emparer du contrôle des mécanismes décisionnels et redistributifs de l'État. Il faut au contraire laisser la promotion de la sécurité sociale aux différents groupes, organisations et institutions qui composent la société civile dans tous les domaines de la vie économique et sociale. Il faut promouvoir *l'auto-protection* et la coopération mutuelle.

La critique envers l'État du *Welfare* a atteint un niveau d'argumentation particulièrement élaboré au cours des années '80. Ce n'est plus seulement l'État du *Welfare* qui est mis en cause mais l'État lui-même en tant qu'expression politique de la société. À côté de ceux qui prônent, depuis plus de 30 ans, la nécessité d'un État *minimal* (réservant la place la plus petite possible à l'intervention de l'État), on trouve de plus en plus ceux qui prêchent pour un État mis entièrement et implicitement au service des forces économiques privées (les entreprises) et du bon fonctionnement du marché. Ces derniers sont convaincus que la meilleure chose à faire est de *désinventer l'État*. La revue hebdomadaire anglaise *The Economist*, porte-parole « prestigieux » de la pensée libérale mondiale, a lancé dans le numéro du 20 mai 1995 une campagne en faveur de cette *« désinvention de l'État »*. Les journalistes de *The Economist* expliquent qu'à l'ère de la mondialisation des capitaux, des marchés financiers, de la production, des firmes et de leurs stratégies, de la technologie, des moyens de transport, d'information et de communication, on n'a plus besoin d'une régulation par l'État. Il faut en revanche *réinventer le pouvoir et la fonction de régulation du marché*, en laissant aux acteurs du marché le soin de déterminer les finalités et les priorités de l'allocation des ressources disponibles.

La pensée anti-État ou, tout au moins, de méfiance vis-à-vis du pouvoir régulateur de l'État, a pris pied aussi auprès de segments importants des forces politiques, sociales et culturelles modérées, voire progressistes, y compris le monde syndical. L'histoire des services publics (sur lesquels je reviendrai en fin de ce chapitre), de plus en plus livrés aux logiques de la libéralisation, de la dérégulation et de la privatisation, est très éclairante à ce sujet.

Le développement des nouvelles technologies, notamment la « révolution » informatique (computers, satellites,...), a été utilisé comme argument principal pour expliquer et justifier la prétendue obsolescence de l'État et, à l'opposé, la prétendue force innovatrice du marché. En apparence, l'argument est de poids : les technologies actuelles permettent de produire, transmettre, diffuser, utiliser l'information de manière instantanée, à grands débits, à l'échelle planétaire, et cela à relativement bon marché, dans tous les domaines. On pense, ces dernières années, à Internet. Dès lors, les notions de temps et d'espace sont profondément bousculées. Leurs contraintes pèsent de moins en moins lourd dans les affaires humaines et la vie des sociétés (du moins le croit-on). Elles ne justifieraient plus l'existence du pouvoir étatique fondé sur l'exercice d'une souveraineté sur un espace territorial bien délimité, exercice légitimé à intervalles de temps réguliers par des mécanismes de sélection (les élections directes au suffrage universel) des représentants du peuple souverain. Aujourd'hui — dit-on —, le pouvoir est *ici et maintenant*. Il n'y aurait plus de véritable *long terme*. À cause de la forte accélération introduite par le développement technologique dans l'histoire des humains (« tout va très vite, trop vite », « tout change rapidement », « le cycle de la vie des produits, des compétences ne fait que se raccourcir tous les jours »...), personne ne pourrait dire de quoi sera fait l'avenir dans cinq ans. L'une des fonctions sociales fondamentales de l'État, *gérer le long terme* pour garantir l'existence et la sécurité de ses membres sans nuire aux générations futures, en régulant les affaires nationales et internationales, perdrait sa raison d'être. L'État ne pourrait plus rester en place en tant que principal acteur de la régulation. « Comment peut-on encore penser, s'interrogent les tenants de la désinvention de l'État et/ou de l'État minimal, à mettre des barrières juridiques, commerciales, économiques, culturelles aux flux des informations et des échanges communicationnels dans le cadre des réseaux mondialisés, nés librement et organisés sur des bases auto-gestionnaires ? » Au dire de ceux-ci, nous serions entrés dans l'ère et dans le monde des flux. Nous aurions quitté l'ère et le monde des territoires. L'État-nation et l'État du *Welfare* étaient fondés sur le territoire (national) et sur une communauté territoriale d'intérêt. Aujourd'hui, on assisterait à la naissance de « communautés d'intérêt virtuelles », non délimitées par des territoires, mais ouvertes à toutes formes de flux mondiaux .....

Personne ne pourrait nier l'ampleur des mutations intervenues au niveau des dimensions du temps et de l'espace. Les phénomènes d'éclatement du temps (notamment du point de vue de la vitesse) et de déterritorialisation de l'économie sont devant nos yeux. L'expérience nous montre également que l'on assiste en même temps à de nouvelles recompositions des territoires au plan des villes (phénomène de *métropolisation* de nombreuses fonctions politiques, économiques et sociales), des régions (recherche d'autonomie, de la part d'un nombre croissant de « régions »), des pays (intégrations économiques continentales) et du monde (restructurations géopolitiques ; reconfigurations des structures de production au sein des divers secteurs économiques ; mondialisation des entreprises et redécoupage de leur organisation territoriale). Dès lors, dans le cadre de ces multiples reconfigurations de l'espace, la fonction régulatrice des pouvoirs publics, dans l'intérêt général et la promotion du bien commun, devient encore plus importante et nécessaire que par le passé.

Il en va de même en ce qui concerne le temps : la prise de conscience de la force montante de l'instantané, de l'incertain, du virtuel et le poids du court terme font ressentir de manière aiguë le besoin de mécanismes de représentation et d'intervention collectives destinés à réduire les sources d'instabilité et de fragilisation, notamment pour les personnes, les groupes, les communautés qui n'ont pas les moyens ou la force de « maîtriser » le nouveau contexte temporel.

On ne veut plus de l'État du Welfare : critiques relatives à l'efficacité

En ce qui concerne les critiques et les mises en accusation se situant au niveau de l'efficacité économique et sociale de l'État du *Welfare*, et du principe du bien commun en général, trois d'entre elles méritent d'être considérées attentivement :

• la première porte sur ce qu'on a cru pouvoir appeler *l'échec* du *Welfare State* par rapport à l'un de ses objectifs primordiaux, à savoir la lutte contre la pauvreté ;

• la deuxième porte sur ce que l'on a décrit comme la *crise financière* de l'État du *Welfare* ;

• la troisième concerne une série de *dysfonctionnements internes* qui seraient propres à la logique du *Welfare State.*

L'un des chevaux de bataille des forces conservatrices aux États-Unis contre le maintien de l'État du *Welfare* a été, dès les années '60, la question de la pauvreté. Non seulement la pauvreté n'avait pas été éradiquée, mais elle s'était encore davantage enracinée dans les structures mêmes de la société américaine. Selon les forces conservatrices, l'incapacité à faire reculer la pauvreté de l'État du *Welfare,* alors que tel était son objectif fondamental, était due à l'existence de l'État du *Welfare* lui-même. C'est la thèse — encore soutenue aujourd'hui — du *poverty trap* (le piège de la pauvreté) : l'aide de l'État représenterait un piège pour les pauvres. Les bénéfices sociaux accordés « généreusement » par l'État maintiendraient les pauvres dans la pauvreté et les réduiraient à l'état d'assistés permanents (*la dépendance du Welfare*), incapables de reprendre confiance en eux-mêmes et de se réinsérer activement dans l'économie productive.

De nombreuses études ont montré que le lien de cause à effet établi par les forces conservatrices entre État du *Welfare* et permanence de la pauvreté n'était pas plausible et soutenable : la pauvreté était plutôt un phénomène entremêlé à d'autres facteurs structurels aux plans économique, social, politique et culturel, qui avaient engendré aussi la naissance d'une *underclass* (débordant de la catégorie des pauvres) dans les *ghettos urbains*, formés en majorité par une population de couleur, Noirs surtout.

Les élites dirigeantes américaines, en majorité des Blancs, furent sensibles aux thèses du *poverty trap*, sans pour autant partager entièrement les analyses et les thèses anti-*Welfare* et anti-État des forces conservatrices.

La réforme, déjà mentionnée, de l'État du *Welfare*, mise en œuvre par le président L. B. Johnson au milieu des années '60 à l'enseigne de la « guerre à la pauvreté », représente une tentative de sortir du *poverty trap*. On en connaît le résultat : la réforme renforça le caractère dualiste du système américain du *Welfare*, ce qui n'aida point, au cours des années suivantes, à contrecarrer la croissance des inégalités au sein de l'économie capitaliste de marché, de plus en plus laissée à sa propre logique.

Se déplaçant des États-Unis vers l'Europe Occidentale, les thèses néo-conservatrices ont pénétré progressivement la plupart des milieux scientifiques et politiques européens, conformément à cette « lame de fond » qui fait que, depuis la deuxième guerre mondiale, ce qui vient des États-Unis (et en particulier des universités et des entreprises américaines), est accepté et assimilé sans réserves, dans la très grande majorité des cas par les élites européennes, malgré une certaine résistance au départ.

Au début des années '70, les débats et les conflits théoriques, politiques et sociaux nés autour de ce que l'on a décrit comme la « crise financière » du *Welfare State*, sont venus se greffer sur la question de la pauvreté.

Par crise financière, on entend l'incapacité dans laquelle l'État se serait trouvé d'assurer la couverture des dépenses du *Welfare*. Cela aurait entraîné la croissance continue des déficits publics et, par conséquent, de l'endettement public. L'augmentation des taxes n'aurait pas, de son côté, permis de colmater les trous grandissant au niveau des recettes.

J'ai utilisé le conditionnel à propos de cette thèse car je ne suis pas entièrement convaincu que l'État du *Welfare*, d'après les différents modèles, ait été et serait dans l'incapacité de « tenir » dans le long terme sur le plan financier en raison d'un prétendu « défaut économique » de départ sur lequel il se fonderait. Le « défaut » — qui rendrait inévitable la crise financière du *Welfare State* — consisterait à ne pas avoir compris que, dans « toute » économie et, en particulier dans l'économie de marché, il y a des limites structurelles au niveau possible de taxation par rapport à la richesse nationale. Or, le problème n'est pas là. Il me semble qu'il est théoriquement et empiriquement plus correct de dire que, dans une économie encore fondée sur les principes et les règles du capitalisme de marché, il existe des limites structurelles à l'acceptation, (de par les forces détentrices du capital), à une répartition des gains de productivité en faveur du capital sur des niveaux relativement bas (ou à la baisse).

Ce n'est pas l'objectif du *Welfare State* (à savoir, assurer la sécurité sociale à tout citoyen) qui est financièrement « impossible », « non-soutenable » : c'est qu'un tel objectif est politiquement et culturellement impossible pour les forces conservatrices à partir du moment où la répartition de la richesse n'est plus aussi « bonne » que l'estiment les détenteurs du capital. À partir de ce moment-là, l'État du *Welfare* se voit refuser toute légitimité. Pour appuyer leur refus, ces forces conservatrices ont utilisé les conséquences des changements technologiques, économiques, démographiques et sociaux (auxquels on a fait une brève référence au début de ce chapitre et que l'on analyse dans les paragraphes qui suivent), comme arguments contre l'État du *Welfare*.

On pense d'abord à l'*augmentation* considérable *de la productivité du travail*. Tant que les taux de croissance de l'économie des pays occidentaux étaient élevés et soutenus par une forte demande globale, l'augmentation de la productivité n'avait pas été un obstacle au maintien du plein emploi. À partir du moment (milieu des années '60) où les marchés solvables des pays occidentaux sont devenus des marchés saturés, l'augmentation de la productivité du travail s'est traduite par l'apparition, puis l'explosion du chômage structurel.

Or, l'État du *Welfare* est fondé, à des degrés différents d'après les pays, sur le plein emploi et les cotisations sociales liées à chaque poste de travail (côté employeur *et* côté employé). Dans ces conditions, au fur et à mesure que le chômage augmente, les recettes diminuent, alors que les dépenses sociales restent stationnaires voire, ce qui est plus probable, augmentent. L'État a donc tendance à augmenter les taxes.

Les *évolutions socio-démographiques* ont abouti au même résultat : le vieillissement de la population ; la prolongation de la scolarité obligatoire et le nombre croissant de jeunes inscrits aux cycles d'enseignement supérieur ; l'abaissement de l'âge de la pension à 60 ans et la multiplication des régimes de préretraite à 50/55 ans : tous ces phénomènes ont contribué à augmenter le nombre de personnes dites « non productives », bénéficiaires des prestations de l'État du *Welfare*, grevant chaque emploi « productif ».

Accusé d'être animé d'une « rage taxatoire », l'État du *Welfare* est devenu, à la fin des années '70, l'objet d'une « révolte fiscale » de la part des classes aisées et des classes moyennes, révolte fomentée par les forces conservatrices. Celles-ci ont ainsi réussi à s'emparer du pouvoir des deux côtés de l'Atlantique, autour de 1980, sous le leadership de Ronald Reagan (USA) et de Margaret Thatcher (UK).

La déstabilisation de l'État du Welfare

Comme l'ont très bien montré de nombreuses recherches aux États-Unis et en Europe occidentale, l'augmentation de la pression fiscale par rapport au Produit Intérieur Brut n'a pas été aussi massive qu'on l'a fait croire [26]. Le vrai problème n'était pas le niveau du déficit public, mais se situait au niveau des conditions sur lesquelles reposait le bon fonctionnement du *Welfare State*. Ces conditions étaient de quadruple nature :

• *Politique* : l'État du *Welfare* implique l'existence *institutionnelle* d'un système *stato-national* efficace, c'est-à-dire d'un pouvoir politique capable de gouverner l'économie domestique (grâce aux instruments représentés par la politique monétaire, la politique d'investissements publics, la régulation du marché du travail,...) et de maintenir un contrôle adéquat sur les relations internationales financières, commerciales et politiques ;

• *Économique* : il suppose une économie mixte efficace (capitalisme de marché et intervention massive de l'État en tant que régulateur principal), axée sur une base industrielle (services compris) à haut niveau de productivité (tout en maintenant une forte intensité de travail humain), capable d'assurer la production de la richesse conformément aux objectifs nationaux de la redistribution de la richesse, fixés par l'État ;

• *Sociale* : il comporte des mécanismes institutionnels assurant une concertation sociale efficace, permanente, entre les partenaires-clés du monde de l'économie et du travail, à savoir les entreprises et les syndicats, sous l'œil attentif et « complice » des pouvoirs publics, et cela aux différents niveaux (locaux, régionaux, nationaux et internationaux) ;

• *Culturelle* : il est fondé sur un système de valeur partagé par la très grande majorité de la population, sorte de « culture commune » facilitant la diversité des valeurs, des expériences et des modes de vie.

Or, les nouvelles technologies ont ébranlé la capacité des économies industrielles de forte productivité à maintenir le plein emploi. De leur côté, deux décisions prises par les États-Unis, l'une en 1971 (fin de la non-convertibilité en or du dollar, ce qui a ouvert une longue période d'instabilité monétaire internationale jusqu'à ce jour) et l'autre en 1974 (libéralisation totale des mouvements de capitaux en entrée et sortie des

États-Unis, ce qui a obligé tous les autres pays développés à en faire autant), ont profondément modifié le cours de l'histoire économique du monde contemporain. Elles ont donné une impulsion considérable à l'amplification et à l'accélération des processus émergents de mondialisation de l'économie (processus nouveaux par rapport à ceux, connus, de l'internationalisation et de la multinationalisation de l'économie)[27], caractérisés par la prédominance d'un seul véritable acteur mondial : l'entreprise privée.

La montée en puissance de la mondialisation guidée et façonnée par les pouvoirs économiques privés, de mieux en mieux organisés à l'échelle planétaire, s'est traduite par une perte structurelle et visible des capacités de gouvernement de l'économie « locale » et mondiale par les pouvoirs publics qui, eux, sont restés organisés au plan national. Ceux-ci ont non seulement perdu, au cours des dernières années, le contrôle sur le capital, mais ils ont aussi vu s'affaiblir sensiblement leur capacité de maîtrise du marché du travail, levier essentiel pour le bon fonctionnement du *Welfare State* : de plus en plus aléatoire, le marché du travail dépend des stratégies de développement et de conquête mises en œuvre par les réseaux mondiaux d'entreprises privées multinationales. Ils ont surtout perdu la « souveraineté » d'intervention et de maîtrise relative des engrenages de l'économie : la mondialisation leur a enlevé la base de leur souveraineté, qui résidait dans l'existence d'une économie nationale, d'un marché national susceptible d'être « manœuvrable » par l'État et donc, à la portée des pouvoirs politiques et financiers régulateurs de l'État-nation. L'État du *Welfare* s'est vu dépossédé de ses moyens régulateurs : les politiques de type keynésien ont démontré qu'elles étaient réalistes et efficaces tant qu'elles pouvaient s'appuyer sur une économie, une monnaie, des infrastructures en capital fixe et une consommation *nationales*. La mondialisation a considérablement affaibli, voire fait disparaître, cette condition d'efficacité ; ce qui ne signifie pas que l'économie, la monnaie, la consommation, les infrastructures *nationales* perdent de l'importance, et que les pouvoirs publics nationaux ont donc perdu tout pouvoir. La signification est autre : c'est que l'espace économique national, l'économie nationale, le marché national, ne sont plus le point de départ et d'arrivée de stratégies pertinentes pour les acteurs économiques, notamment privés (ceux qui, pour l'instant, « mènent la danse » et fixent les priorités de l'ordre du jour mondial). Cette pertinence stratégique déterminante appartient désormais à l'espace économique mondial, aux marchés financiers mondiaux.

L'État national du *Welfare* n'a pas craqué à cause de la récession économique des pays occidentaux qui, ces vingt-cinq dernières années, n'a pas empêché cependant de faire croître la richesse de ces pays par deux, voire par trois. Il n'a pas non plus craqué en raison de l'inadéquation croissante entre dépenses et recettes, conduisant à des déficits publics dits « insupportables »[28]. Certes, il y a une relation étroite entre récession économique et chômage, qui se traduit par une augmentation des dépenses de prestation (indemnisation des chômeurs, retraites anticipées) et par un freinage du rendement des recettes. Mais comme on l'a vu, les problèmes financiers du *Welfare State* ont été liés aussi à des facteurs démographiques, sociaux et technologiques. La récession a sans doute contribué à amplifier l'impact de ces derniers.

Les principales causes déterminantes de la « crise » de l'État national du *Welfare* sont cependant à chercher dans :

a) la mondialisation de l'économie, de plus en plus gouvernée et déterminée par et en fonction des intérêts et des stratégies de pouvoirs mondiaux privés (conformément aux six commandements des Nouvelles Tables de la Loi dont il sera question sous peu dans ce chapitre). Le *Welfare State* en Suède n'a pas été déstabilisé par l'explosion de contradictions internes liées à un « défaut économique de naissance », mais par les pressions venant de la mondialisation du capital, des marchés financiers et des firmes ;

b) la rupture du « contrat social » de gouvernance — signé et mis en place dans tous les pays occidentaux après la deuxième guerre mondiale — entre le monde patronal et industriel, d'une part, et les représentants des travailleurs et employés, d'autre part, sous le patronage des pouvoirs publics. Ce système de concertation sociale a été rompu violemment au Royaume-Uni sous Mme Thatcher, et rendu de plus en plus difficile et inefficace, de manière plutôt graduelle, dans les autres pays d'Europe occidentale.

La concertation sociale a été l'un des principes fondamentaux du fonctionnement et de l'organisation du *Welfare State* et, de manière plus générale, de la « bonne » société. Elle a pris des formes différentes selon les pays. Aux États-Unis, on a fermement cru que la stabilité et le progrès du pays dépendaient d'une solide discussion et d'une coopération entre les « trois big », le *big business*, le *big labour* et le *big government*. Il en alla ainsi jusqu'au milieu des années '70. Pour de multiples raisons — parmi lesquelles la crise d'identité et de visibilité frappant les organisations syndicales américaines joua un rôle important —, la concertation sociale s'est traduite aux États-Unis, sous la présidence de Reagan, en un consensus mou, dominé par l'industrie.

Devenus graduellement des gestionnaires du capitalisme américain (acquis en bonne partie vers le milieu des années '80 aux thèses néo-libérales, et sensibles à certaines formes de néo-nationalisme technologique et économique impérial à l'ère de la mondialisation), les syndicats ont fait de plus en plus figure de suiveurs. Depuis l'élection, fin 1995, d'une nouvelle équipe dirigeante, plus revendicative et combative, à la tête de la grande fédération syndicale AFL-CIO, beaucoup d'espoirs sont nés aux États-Unis et ailleurs concernant un retour d'influence possible des syndicats.

Dans les pays scandinaves la concertation sociale a été plus qu'une manière institutionnalisée de régler les relations industrielles. Elle a été l'expression d'une culture sociale nouvelle, qui a permis de passer des relations traditionnellement conflictuelles entre capital et travail à des relations d'étroite coopération, au sein de l'entreprise, au niveau d'une branche industrielle, d'une ville, d'une région ou à l'échelle du pays. Elle a permis une certaine forme de « contrôle » social mutuel. Elle a donné une âme et un style de vie relativement paisible et humain au fonctionnement de l'économie et de la société.

On peut dire que la concertation sociale « à la scandinave » a tenu bon jusqu'à présent. Les fortes vagues en faveur des processus de libéralisation et privatisation ont cependant ébranlé certains piliers de la « bonne » société scandinave, notamment dans le domaine des télécommunications, où la Suède est devenue le pays d'Europe le plus libéraliste et dérégulateur. Malgré cela, l'esprit coopératif demeure particulièrement fort en comparaison des autres pays européens, où l'on s'interroge de plus en plus sur la portée réelle et la signification que l'on peut encore attribuer à la concertation sociale. Dans les autres pays européens, le monde des affaires a réussi, depuis quinze ans au moins, à mettre en doute l'efficacité des instruments de la concertation sociale, en particulier en matière de salaires (contrats et conventions collectives nationales et interprofessionnelles, indexation des salaires) et de conditions de travail (contrats à durée indéterminée, conditions relatives au recrutement et au licenciement). De cette forme de concertation, le modèle allemand, appelé le *Mitbestimmung* (la codécision), fut le plus développé et le plus solide. Ce n'est qu'au début de 1996 que l'échec du « contrat pour l'emploi » (proposé par le gouvernement Kohl et visiblement appuyé par le monde patronal, alors que les représentants des syndicats étaient plutôt froids et sceptiques) a fait parler de « fin d'une époque », en référence à la rupture des négociations entre industrie et syndicats. Les signes d'une maturation de cette « fin d'une époque » étaient déjà particulièrement évidents en 1995, au moment du renouvellement des conventions salariales nationales, et au cours duquel l'IGM-Metal (le syndicat allemand le plus important et le plus puissant) s'opposa à la BDI (la fédération des industriels allemands). Les deux parties mirent fin aux négociations sans parvenir à trouver une solution de compromis.

Le climat social a en tout cas changé en Allemagne ; le temps est plutôt à la confrontation. D'une part, l'industrie, qui affirme que le maintien du système actuel de *Welfare State* pénalise lourdement les capacités de compétitivité des entreprises allemandes sur les marchés mondiaux ; d'autre part, les syndicats qui, tout en reconnaissant la pertinence de l'enjeu et de l'impératif de la compétitivité mondiale, pensent que la solution ne réside pas dans la réduction ou le démantèlement de la sécurité sociale et de la concertation sociale. Selon eux, les solutions sont à chercher dans une nouvelle politique de répartition et de réduction du temps de travail ; dans des mesures de renforcement des structures et de la qualité de la formation, notamment continue ; dans l'amélioration des mécanismes de codécision, pour que tout le monde soit davantage impliqué dans l'analyse et l'identification des problèmes, des enjeux et des priorités d'action ; dans des mesures visant à stimuler la création de nouveaux gisements d'emploi (gestion de l'environnement, services de proximité, tiers-secteur...).

Ce clivage marque désormais, partout dans les pays de l'Union Européenne, les relations d'opposition/consensus entre le monde industriel et le monde syndical. Certes, le monde patronal, comme le monde syndical, n'est pas du tout homogène au niveau européen. Ce serait une erreur de considérer comme issus du même moule les industriels britanniques et belges, ou les syndicats néerlandais et italiens.

Toujours est-il que ce clivage est le seul véritable qui sépare les deux mondes, alors que pour la plupart des autres problèmes, enjeux et visions de l'avenir (qu'il s'agisse de l'éducation, de la formation, du développement technologique, de l'Union monétaire, des problèmes des villes...), la tendance est à un large consensus. Un fait nouveau et important est à souligner : alors que dans les années '60-'70, le consensus résultant de la politique forte de concertation sociale permettait de faire avancer le développement du bien-être de la population (comme en témoignent les statistiques montrant la tendance à la réduction des inégalités de revenus), le consensus actuel se greffe sur un clivage où les positions du monde industriel ont gagné des points par rapport à celles du monde syndical. Ce dernier a accepté la logique de la flexibilité du marché du travail, pour obtempérer à l'impératif de compétitivité de l'industrie nationale. Il a également accepté la logique de réforme des droits sur lesquels repose la citoyenneté sociale. En revanche, le monde industriel a d'énormes difficultés à accepter les revendications de fond soutenues par le monde syndical.

Le « dialogue social européen » constitue à cet égard un exemple très instructif de la dérive plutôt néolibérale de la construction européenne depuis les années '80.

Des efforts considérables ont été déployés, dès la création de la Communauté économique européenne (la CEE) en 1957, par les forces politiques chrétiennes et social-démocrates, en faveur d'une politique sociale commune européenne. Celles-ci ont trouvé des alliés, de haute compétence professionnelle et à forte motivation politico-sociale auprès d'un nombre important de fonctionnaires de la Commission européenne et du Parlement européen. Malgré cela, l'Europe n'a fait aucun véritable progrès au cours des quinze dernières années. En 1996, on est toujours à la recherche d'une contribution innovatrice significative, que l'Europe en tant que telle aurait apportée dans le domaine de la concertation sociale, ou du « dialogue social européen ». Il y a eu, certes, la création, dans les années '70, du Comité permanent de l'emploi, mais de l'avis général, son action ne fut pas — à de rares exceptions près — couronnée de succès. Aussi, l'UNICE (l'Union des confédérations de l'industrie et des employeurs de l'Europe) et la CES (Confédération européenne des syndicats) se sont-elles « confrontées » en des centaines d'occasions, dans le cadre des travaux du Comité Économique et Social européen (où siègent précisément les représentants de l'industrie, des syndicats et des pouvoirs publics) ; comme le fait observer, à juste titre, Carlo Savoini, l'un des protagonistes les plus impliqués dans les efforts en faveur du « dialogue social européen » depuis 25 ans, « l'Europe de la négociation sociale ne fait encore que balbutier (...). Pour le moment, tout ce que les partenaires sociaux ont pu produire au niveau communautaire interprofessionnel a été l'accord d'octobre 1991»[29] consistant à reconnaître aux partenaires sociaux le droit à une régulation autonome au plan européen.

C'est désormais le monde de l'entreprise privée qui fixe l'ordre du jour des problèmes, des impératifs, des options et des choix de priorités. Les syndicats sont de plus en plus en position réactive et il est rare qu'ils aient conservé un vrai pouvoir d'initiative, la capacité de fixer les termes du débat et de la négociation, et de déterminer les options entre lesquelles choisir.

En ce sens, on peut faire état d'une rupture du « contrat social» et, en particulier, du *modèle social européen* dont nous, Européens, étions si fiers encore au milieu des années '80, par rapport à la véritable dégringolade sociale qui avait ravagé la société américaine et la société anglaise en particulier.

Aujourd'hui, la plupart des leaders industriels *et* politiques en place des deux côtés de l'Atlantique, ainsi qu'en Asie du Sud-est (Japon, Corée du Sud, Taiwan, Singapour, Thaïlande, Philippines, Malaisie...), se déclarent très attirés par la manière dont les États-Unis auraient « résolu » la « crise » du *Welfare State*, en laissant aux forces privées du marché la tâche de guider le pays le plus puissant du monde dans la guerre économique mondiale actuelle. Ils pensent aussi que le XXIe siècle sera le siècle du grand marché mondial intégré, où tout pourra et devra circuler librement (le capital, les biens, les services, l'information, les ressources humaines), car tout sera réduit à des expressions marchandes, conformément aux Nouvelles Tables de la Loi.

Les Nouvelles Tables de la Loi

Les Nouvelles Tables de la Loi se sont imposées ces vingt dernières années à l'ensemble de l'humanité. D'après la civilisation chrétienne, « l'ancienne » alliance fut un pacte entre Dieu et l'homme, centré sur l'idée de l'amour entre Dieu (le créateur, le père) et l'homme (sa créature, le fils), et entre les hommes eux-mêmes (Tu aimeras ton prochain comme toi-même). Les Nouvelles Tables consacrent l'« Alliance » contractée par les groupes dirigeants des sociétés développées avec ce qui est devenu le nouveau dieu de notre temps : le marché. Le marché est accepté quasi universellement comme le grand régulateur de la vie économique et sociale auquel tout individu, toute entreprise et toute société doit se soumettre. Alors que le Dieu judéo-chrétien est miséricordieux envers l'homme, le « dieu-marché » ne pardonne point. Si l'on commet une erreur, on est purement et simplement éliminé.

L'universalisation des nouvelles « Tables de la Loi » est telle que même les dirigeants de la République Populaire de Chine considèrent que leur pays est désormais entré dans « l'économie de marché socialiste » — le substantif « économie de marché » prévalant, évidemment, sur l'adjectif « socialiste ».

Les nouvelles « Tables de la Loi » contiennent six commandements :

Les nouvelles Tables de la Loi :
Six commandements

1. Mondialisation
Il faut t'adapter à la globalisation actuelle des capitaux, des marchés, des entreprises.

2. Innovation technologique
Tu dois innover sans cesse pour réduire les coûts.

3. Libéralisation
Ouverture totale de tous les marchés. Que le monde devienne un seul marché.

4. Déréglementation
Donne le pouvoir au marché. Pour un État greffier.

5. Privatisation
Élimine toute forme de propriété publique et de services publics
Laisse l'entreprise privée gouverner la société.

6. Compétitivité
Sois le plus fort si tu veux survivre dans la compétition mondiale.

Trois commandements appartiennent à l'ordre des impératifs « fondamentaux » et trois à l'ordre des moyens.

Le premier commandement « Tu ne résisteras pas à la mondialisation » est lié au processus de mondialisation des finances, du capital, des marchés, des entreprises.

La mondialisation actuelle est présentée comme inévitable et irréversible : il faut, dit-on, s'adapter à un tel processus et devenir un sujet mondial à part entière.

Aucun pays, même les États-Unis, ne peut résister. « Personne ne peut éviter le processus de mondialisation » a affirmé Mr Harahap, ministre indonésien des Infrastructures et des Transports. Selon lui, « lorsqu'il s'agit des infrastructures et des télécoms, c'est comme à la guerre : tuer ou être tué »[30].

Le deuxième commandement découle des « révolutions scientifiques et technologiques » de ces trente dernières années dans le domaine de l'énergie, des matériaux, des biotechnologies et, surtout, des technologies d'information et de communication (automation, robotique, informatique, télématique) : *« Tu ne t'arrêteras pas dans la course à l'innovation technologique. »*

On ne saurait résister aux nouvelles technologies ; il faut s'adapter le plus vite et le plus intensément possible, car elles sont en train de changer la condition humaine et le monde ; une nouvelle société va naître : la « société de l'information ».

La société de l'information est la voie royale pour entrer dans le XXIe siècle, et retrouver la croissance économique et l'emploi.

Le troisième commandement dit : « *Tu libéraliseras tout marché, totalement. Tu ne maintiendras plus aucune forme de protection autour de l'économie de ton pays.* »

Ce commandement part de l'idée que la mondialisation de l'économie ne pourrait se poursuivre de manière « correcte » qu'en libéralisant les marchés nationaux. Toute protection « nationale » est considérée comme hérétique. Il ne saurait exister ni d'intérêt de société, ni de volonté démocratique souveraine face au marché. D'après ce commandement, aucune protection n'est admise ou tolérée, même contre les prédateurs financiers mondiaux qui, profitant de la totale liberté qui a été accordée aux mouvements des capitaux, échappent depuis les années '80 à tout contrôle politique. Il a même été affirmé par des autorités financières publiques de grand relief mondial, que « désormais les dirigeants politiques sont sous le contrôle des marchés financiers »[31].

D'où le quatrième commandement, à savoir : « *Tu déréguleras le fonctionnement de l'économie et de la société. Tu ne permettras plus à l'État d'intervenir dans la fixation des règles de l'économie, mais tu confieras cette tâche entièrement aux libres forces du marché .*»

Ce commandement est clair : l'action de l'État devrait se limiter à créer l'environnement le plus propice pour que le marché puisse guider et orienter le fonctionnement de l'économie. Ce n'est pas aux citoyens (c'est-à-dire à l'État à travers les institutions représentatives élues) d'assurer la gouvernance de la société, de fixer les normes et les critères de fonctionnement de l'économie et d'évaluer régulièrement, de manière transparente, le résultat de l'action des agents économiques : il faut laisser cela aux producteurs, aux consommateurs solvables et surtout, aux financiers. D'après ce commandement, on est « citoyen » lorsqu'on est un bon «producteur» et un bon «consommateur solvable».

On arrive ainsi au *cinquième commandement* : *« Tu procèderas à la privatisation de tout ce qui est privatisable. Tu laisseras le pouvoir de direction et de contrôle au secteur privé .»*

Tout doit passer, exige-t-on, sous le pouvoir du privé : la propriété et la gestion des transports urbains, du rail, de l'avion, de l'eau, du gaz, de l'électricité, des banques, des assurances, des hôpitaux, des écoles, des universités, des pensions, de la culture... La privatisation, dit-on, permettra d'utiliser les ressources matérielles et immatérielles de nos pays de la manière la plus efficace, dans l'intérêt des marchés[32].

Enfin, pour terminer en beauté et donner une apparente cohérence à l'ensemble des cinq commandements qui précèdent, les nouvelles Tables de la Loi imposent un *dernier commandement* : « *Tu seras le meilleur, l'excellent, le gagnant : tu seras compétitif .*»

Si tu n'est pas compétitif, tu n'auras aucune chance de survie dans le cadre des batailles mondiales, technologiques et commerciales, car l'autre (ton ennemi) te « tuera », t'éliminera du marché.

Il faut donc que tu sois le numéro 1. Il faut que tu conquières des quotes-parts toujours plus larges du marché . D'où cet « Évangile de la compétitivité », pour lequel chaque individu, chaque entreprise, chaque ville, chaque région se doit d'être le plus fort, le plus compétitif. L'obligation de compétitivité ne se limite pas aux entreprises : elle concerne tout le monde, y compris le système éducatif, les universités.

Arrêtons-nous plus en détail sur le dernier commandement ; c'est celui qui légitime le reste, à la fois sur le plan économique (en étant compétitif on assure, affirme-t-on, la plus grande efficacité dans la combinaison des ressources disponibles) et idéologique-moral (c'est parce que je prouve que je suis excellent, en étant compétitif, que j'ai le droit de gouverner les autres, de fixer les objectifs et de déterminer les priorités).

Pourquoi la compétitivité est-elle devenue le principe accepté par tout le monde, le « Nouvel Évangile » prêché dans toutes les chapelles du monde de cette fin de siècle ?

L'Assemblée européenne de la science et de la technologie (ESTA)[33], constituée en 1994 par l'Union européenne, vient de remettre son premier rapport, portant sur les grandes orientations qui devraient inspirer le 5e Programme-cadre des Actions de Recherche et de Développement Technologique de l'Union européenne pour les années 1997-2000. Son titre ? *The competitive position of European science, technology and industry* (Ce rapport n'existe qu'en anglais). Ce faisant, cette nouvelle Assemblée, composée de cent personnalités scientifiques et technologiques, ne fait que répéter pour la énième fois ce que, depuis 15 ans au moins, ont dit, affirmé, et *imposé* de nombreuses autres assemblées, comités et organisations européennes. L'amélioration de la compétitivité de l'industrie européenne figure déjà en toutes lettres dans l'Acte Unique Européen (1986) comme le seul objectif de la politique de la science et de la technologie de l'Union européenne. Et pourquoi le rapport que vient de publier le Comité des Sages (présidé par l'ancien Premier ministre portugais socialiste Mme Maria de Lourdes Pintasilgo, et mis en place par l'Union européenne sur le thème *Pour une Europe des droits civiques et sociaux*[34]) a-t-il cru opportun de soumettre, comme deuxième proposition, (sur 26) la nécessité de « *préciser les modalités d'une rénovation de notre État-providence afin qu'il devienne un meilleur atout de compétitivité et de cohésion sociale et favorise la pleine activité de chacun* » ?

Alors qu'en économie la compétitivité n'est, en principe, qu'une modalité de comportement des acteurs cherchant, dans le contexte des marchés concurrentiels, à améliorer leur position et leur avantage, pourquoi est-elle est devenue un but, le but principal des entreprises, des pouvoirs publics et de la société tout entière[35] ?

La première raison réside dans le fait que comme toute idéologie, elle se réduit à quelques idées simples ; nous sommes engagés, affirme-t-elle, dans une guerre technologique, industrielle et économique sans merci à l'échelle mondiale. L'objectif est de survivre ; la survie passe par la compétitivité ; hors d'elle, pas de salut à court et à long terme, pas de croissance, pas de bien-être économique et social, pas d'autonomie, pas d'indépendance politique.

Cette réduction de réalités économiques et sociales fort complexes en idées simples et simplificatrices, qui donnent l'impression d'offrir une solution facile et rapide aux problèmes auxquels chacun de nous et chaque société est confronté, possède un attrait irrésistible auprès des décideurs (« il n'y a qu'à... »), et surtout des décideurs les plus puissants, les mieux placés pour gagner.

La deuxième raison tient des logiques de puissance et des effets de domination. Enfanté et développé par les groupes dirigeants des pays les plus développés du monde, l'impératif de la compétitivité a été imposé aux autres groupes sociaux et aux pays moins développés. Ces derniers ont succombé aux prescriptions venant des dominants. Les pays bénéficiaires des crédits du Fonds Monétaire International et de la Banque Mondiale, ont dû se soumettre à l'acceptation de l'impératif de compétitivité.

Les conséquences des Nouvelles Tables de la Loi pour le « bien commun » sont considérables.

La culture de la conquête

Selon les Nouvelles Tables de la Loi, le monde est composé d'une série de marchés à conquérir. Le monde n'est pas composé de sociétés, de populations ayant une histoire, une culture, des besoins, des projets. Avant la société, c'est le marché qui compte. Or, celui-ci n'a qu'une histoire de courte durée. La durée de vie d'un produit et d'un service tend à devenir de plus en plus courte, les marchés deviennent volatils, éphémères ; le caractère non durable des marchés augmente l'incertitude des marchés, les positions acquises ne sont plus stables, garanties. À tout moment, dans le cadre de l'économie actuelle mondialisée, libéralisée et déréglementée, tout concurrent peut vous déstabiliser ou vous éliminer.

Alors que l'on cherche à éduquer nos sociétés à privilégier un développement durable (*sustainable development*) sur le plan environnemental et social, l'économie, elle, obéissant à la culture de la conquête, affirme qu'il n'y a pas de durabilité possible : ce qui compte, c'est gagner *maintenant*.

Il y a 500 ans, la découverte du « Nouveau Monde » donna naissance à une nouvelle culture de conquête à travers les océans. Elle marqua le début de l'histoire de la colonisation de la Terre à l'échelle mondiale. Aujourd'hui, on assiste, en conjonction avec l'avènement de la mondialisation — sorte de « découverte » d'un nouveau monde (le « village global ») —, à la naissance d'une autre nouvelle culture de la conquête.

Le nouveau monde mondialisé est surtout considéré comme un ensemble d'espaces de nouveaux gisements de richesse à exploiter. On (re)parle avec enthousiasme de nouvelles frontières à déplacer, d'une nouvelle épopée de construction, de nouvelles routes (exemple, les super-autoroutes de l'information). Le « village global » est ressenti et vécu surtout en tant que nouveau terrain d'affrontements entre les meilleurs candidats au pouvoir mondial. Dans le domaine de l'informatique — le secteur industriel le plus puissant et le plus représentatif de l'économie mondialisée d'aujourd'hui (comme l'industrie de l'acier et l'industrie de l'automobile le furent respectivement avant et après la deuxième Guerre Mondiale) — on ne parle que de cela. D'après les médias du monde entier, *le* problème majeur actuellement est de savoir si IBM, qui vient de passer alliance avec Apple, réussira à abattre Microsoft, de loin le n° 1 mondial de l'industrie du *software*.

Une nouvelle génération de conquérants est née. Au XVe siècle et après, les acteurs principaux de la conquête furent des personnes publiques, les États (les royaumes du Portugal et d'Espagne, la république de Venise, les Provinces-Unies, etc.) ; aujourd'hui, ce sont les entreprises, les groupes financiers et industriels privés, avec l'aide et le soutien de leurs États « locaux ». Les conquérants d'aujourd'hui ne peuvent invoquer — même artificieusement — comme base de légitimation de leur stratégie et action, la diffusion d'une civilisation ou d'une religion ; l'expansion du pouvoir d'un pays ou d'un État, l'influence de la culture d'une nation. Il n'y a pas d'affichage possible d'une quelconque prétendue colonisation « civilisatrice »! Les conquérants d'aujourd'hui reconnaissent que leur action est une action de conquête pure et simple, et qu'elle se justifie par le fait que, si ce ne sont pas eux les conquérants, d'autres le seront à leur place. Tout au plus, les nouveaux conquérants peuvent soutenir que, puisqu'ils réussissent à conquérir le contrôle d'une certaine partie des ressources matérielles du monde, évidence est faite que c'est parce qu'ils ont été les meilleurs à produire et à vendre des produits et des services à moindre prix, à qualité plus élevée et d'une plus grande variété.

Les conquérants d'aujourd'hui bénéficient du soutien et de la collaboration d'un certain nombre de groupes sociaux dont les intérêts les rendent alliés naturels des premiers. On songe, en premier lieu, aux concepteurs, producteurs et expérimentateurs de la techno-science (scientifiques, chercheurs, ingénieurs, intellectuels). La techno-science est à la base de la puissance « techno-logique » utilisée et exploitée par les nouveaux conquérants. Elle leur permet de légitimer leur stratégie de conquête au nom du progrès scientifique et technique, incorporé dans les « nouveaux » processus de production, produits et services qu'ils mettent sur les marchés, (notamment dans les domaines de la santé, de l'alimentation, de l'information, de la culture et des loisirs, de l'énergie, des transports). Ce groupe social, dont la légitimité tient de la science et des activités productives qui en découlent, est de plus en plus « mondialisé ». Son avenir est lié en grande partie au financement de ses activités techno-scientifiques. Or, le financement dépend, de manière croissante, des investissements des entreprises privées. Plus la techno-science donne aux nouveaux conquérants les moyens de devenir les « maîtres de la planète » et de le rester, plus les entreprises privées ont intérêt à financer la techno-science.

Un deuxième allié naturel des conquérants d'aujourd'hui est constitué par la partie la plus avancée (en termes de qualifications et de modes de travail) des techno-bureaucraties nationales et internationales ; il s'agit des « managers publics » participant à la définition des objectifs et des règles de fonctionnement, et préposés au contrôle de la bonne exécution des objectifs et du respect des règles. La culture de ces « managers publics », éduqués dans les mêmes écoles et universités que les managers des entreprises privées, n'est pas substantiellement différente de celle de ces derniers. Elle aussi est une culture de conquête dans l'intérêt, dit-on, du pays et du bon fonctionnement de l'économie mondiale.

Enfin, un troisième groupe, relativement hétérogène en apparence, est composé des faiseurs d'idées, de symboles et de rhétorique, à savoir les représentants des médias et du monde de l'éducation supérieure. Il est de plus en plus reconnu que les « grands » moyens d'information (radio-TV, journaux, édition,...) ont été amenés ces 25-30 dernières années à « entrer dans le système dominant » (raisons financières obligent...). Sans pourtant devenir eux-mêmes des « serviteurs des pouvoirs en place », les médias agissent en tant que puissants tam-tam de diffusion et généralisée, auprès de l'opinion publique, de l'idéologie de conquête dominante, en la rendant « naturelle », acceptable, voire « sympathique ».

Au sein des conquérants, les financiers (et les industriels qui poursuivent davantage une stratégie financière) constituent une catégorie à part. Dans leur cas, en général, la culture de la conquête se transforme en une logique de prédation : le monde mondialisé avec ses marchés ouverts est mué en un espace d'opportunités de profit sans frontières, que l'on peut traverser librement dans tous les sens pour y faire la cueillette des meilleures offrandes soumises aux voyageurs pourvus de fonds financiers adéquats.

De tels prédateurs ont toujours existé. La portée de leur activité est cependant de tout autre nature aujourd'hui. Tant qu'ils agissaient à l'intérieur d'un pays, le problème restait, si l'on peut dire, un problème de famille. L'action des prédateurs dans un pays avait peu d'effets négatifs sur les autres pays. Maintenant, c'est le monde entier, ce sont les intérêts et les conditions de vie de centaines de millions de personnes qui sont mis en cause par les razzias des prédateurs.

La prédation ne crée pas de richesse. Elle ne fait que la prendre là où elle est. Elle a pris l'ampleur qu'on lui connaît suite à la vague de libéralisation des mouvements de capitaux qui a déferlé sur le monde dans les années '80 ; à l'abandon des mécanismes de contrôle public sur les capitaux ; à l'existence de 37 paradis fiscaux dans plusieurs régions du monde (qui servent souvent de base de départ pour les razzias et pour se préparer à de nouveaux raids), et au maintien du secret bancaire.

La culture de la conquête n'épargne aucun domaine de la vie collective. Désormais, on doit conquérir son emploi et faire tout son possible pour le conserver, en acceptant davantage de mobilité, de flexibilité, de stress, en se soumettant à des conditions de travail moins bonnes que par le passé en termes de salaire, de sécurité sociale ou d'horaires. La culture d'un peuple est devenue également un marché comme les autres, et donc un marché à conquérir. Elle est réduite à un ensemble d'outils, conformément à l'obnubilation omniprésente de nos sociétés centrées sur l'outil.

La culture de l'outil

Par vagues successives, depuis des décennies — la maîtrise de l'énergie nucléaire, la bombe atomique et la fusée V 2 datent de 1942, le premier ordinateur a fonctionné en 1943 —, découvertes scientifiques et innovations technologiques ont bouleversé les structures de production et l'organisation du travail. Partant, elles ont modifié les conditions de vie.

Qu'il s'agisse de l'ingénierie productive (machines-outils à commande numérique, robots, conception et fabrication assistée par ordinateur, intelligence artificielle), de l'ingénierie biologique et des biotechnologies, des nouveaux matériaux composites ou de la photonique (lasers, fibres optiques, traitement de l'image,...), de l'espace (satellites, télédétection,...), des nouvelles instrumentations médicales (scanner, résonance magnétique nucléaire,...), aucune activité humaine n'échappe à l'impact de la science et de la technologie.

Notre langage même en témoigne : on parle d'analphabétisme informatique, d'autoroutes de la communication, de maisons « intelligentes », de robots autoreproducteurs, de cybercafés, d'internautes, de bébés-éprouvette, de télématique rose, de réalité virtuelle. Dans le mode d'expression spectaculaire des médias et de la politique, la référence aux « nouvelles technologies » est devenue un fait ordinaire. Mais sous cette partie visible et rassurante de l'iceberg, un renversement radical des valeurs culturelles et sociales a eu lieu.

Celui-ci a consisté dans le passage d'une culture (relativement) tournée vers les hommes et leur devenir, à une culture centrée sur les outils et les moyens. Dans un monde de plus en plus incertain, à cause des choix des hommes, les visions d'avenir et les stratégies d'action à court et à moyen terme sont davantage inspirées par la promotion des outils que par celles des personnes, davantage axées sur les moyens que sur les finalités. La glorification de la technologie n'a jamais été aussi grandiloquente et convaincue qu'à l'heure actuelle, notamment à propos des technologies d'information et de communication.

À l'ère de la société dite de l'information, tout est fonction des outils (ordinateurs, satellites, infrastructures, réseaux, terminaux, standards, normes, marchés, prix). Tout est réduit à des priorités de développement technologique, à des stratégies industrielles. Tout est mis au service des besoins des entreprises[36].

L'introduction de l'ordinateur à l'école, qui reste encore fort modeste, s'est faite surtout jusqu'à présent pour des raisons de politique industrielle : offrir un marché à l'industrie nationale du secteur. Sauf quelques rares exceptions, de nature expérimentale et « locale », il n'y a pas eu de projet pédagogique innovateur qui aurait pu inspirer la conception et le développement d'une informatique et d'une télématique spécifiques et appropriées.

Autre exemple : l'industrie des télécommunications du monde entier s'est « embarquée », depuis une dizaine d'années, dans l'aventure de la création de grands systèmes nationaux, continentaux et mondiaux, des autoroutes de la communication à large bande dont le coût d'installation en Europe avait été estimé vers 1986-87 à plus de 1 000 milliards d'ECU (plus de 40 000 milliards de francs belges) sur une période de 10 ans, sans pourtant que l'on sache quels types de services nouveaux de tels systèmes auraient été en mesure d'assurer, ni quels besoins des citoyens ils allaient satisfaire.

L'argument qui a été développé — et l'est encore aujourd'hui — pour défendre une telle situation a été le suivant : on ne peut pas dire a quoi *l'outil* va servir tant que la diffusion des objets et des supports n'est pas fournie. D'où le précepte : multiplions et diffusons les objets, le reste viendra. Une conviction/dogme qui s'est révélée largement sans fondement.

Ainsi, l'innovation et le développement d'une société sont à nouveau définis en termes d'offre croissante d'outils de plus en plus performants et complexes.

Conséquence : dans la mesure où les supports techniques deviennent partie intégrante et irremplaçable des activités humaines (pourrait-on à l'avenir concevoir une usine sans ordinateurs ?), toute activité humaine est rationalisée, traduite en entrées et sorties, évaluée en termes de coûts et de bénéfices monétaires, marchandisée, échangée comme toute matière première ou produit industriel.

La citoyenneté amputée

Après les phénomènes décrits et analysés dans les pages qui précèdent, les raisons et les mécanismes de déstructuration du bien commun apparaissent plus clairement.

Ce qui avait été tant désiré par les forces conservatrices du monde (redonner totale liberté d'action aux forces de l'économie du marché) a été obtenu et réalisé ces 20 dernières années.

De l'époque où nos sociétés avaient réussi à bâtir une « bonne » société, fondée sur la recherche et la promotion du bien commun, nos sociétés sont passées à l'époque actuelle, caractérisée par le délaissement et la démolition du bien commun. Le passage du *bien commun recherché* au *bien commun délaissé* a eu lieu en deux phases principales : la période 1965-1980 et la période de 1980 à nos jours. Cette transformation concerne l'ensemble des pays du monde développé, au-delà des nombreuses différences, parfois substantielles, existant entre ceux-ci.

***La première période** (1965-1980)* a été marquée par la perception, voire la croyance, de l'inévitabilité de la réforme de l'État du *Welfare*. C'est l'époque de la réforme aux États-Unis sous le Président L.B. Johnson, réforme dont on a déjà parlé. C'est l'époque où l'on commence à prôner la nécessité de la rigueur budgétaire, des restructurations en matière de dépenses publiques, d'un contrôle plus efficace sur les dépenses de santé et les « abus » en matière d'allocation-chômage. Pour la première fois, des coupes budgétaires importantes sont appliquées, en France dès 1975, en Allemagne en 1977, en Espagne en 1978, au Royaume-Uni en

1979, en Belgique en 1982, et ainsi de suite ailleurs.

Axées sur un seul objectif, celui de la maîtrise/réduction des dépenses (notamment des dépenses santé, pension chômage) les réformes du *Welfare* ont abouti à la dégradation des prestations et à l'affaiblissement des systèmes de valeurs fondés sur la solidarité et la citoyenneté. La dégradation des prestations a touché toutes les pièces de la mosaïque du bien commun.

On a assisté à[37] :

• *la réduction du nombre de personnes couvertes par la sécurité sociale.*

Des mesures ont été prises pour restreindre le droit à des prestations en cas, par exemple, de chômage ou de maladie, en adoptant des règles plus contraignantes : durée d'activité rémunérée plus longue pour pouvoir recevoir des allocations de chômage, augmentation de la durée minimum de cotisation pour bénéficier d'une pension ; réduction de la période d'indemnité ; multiplication des conditions et des contrôles pour l'accès à l'assistance ;

• *la révision des méthodes d'indexation ou de revalorisation des prestations en espèces.*

Il s'agit de l'absence de majoration annuelle des allocations en cas de non-régulation explicite sur le sujet ; de l'abandon de l'indexation favorable sur les salaires antérieurs ; de modification des prix sur lesquels se base l'indexation, en excluant les produits inflationnistes;

• *la participation accrue des malades aux frais et l'introduction de contributions complémentaires pour les pensions.*

Création du ticket modérateur forfaitaire ; création d'un ticket modérateur proportionnel ; suppression totale ou partielle du remboursement de certains médicaments ; incitation à la souscription de cotisations-assurances pour pension complémentaire ;

• *une plus grande sévérité dans les contrôles et les contraintes imposées.*

En particulier, conditions plus restrictives pour les paiements des hôpitaux ; contrôle de l'absentéisme au travail par les employeurs ; augmentation des délais de carence ;

• *les premières mesures de privatisation et de dérégulation* dans l'organisation et la gestion de certains biens et services publics tels que la distribution de l'eau, du gaz, de l'électricité, les télécommunications, la santé ;

• des mesures visant à *la restructuration / réduction des emplois publics* ;

• *un langage nouveau* mettant en question la notion de droits sociaux et de citoyenneté sociale, et valorisant, à l'opposé, les notions de rentabilité, de flexibilité, d'adaptation, de compétitivité ;

• *la réduction du pouvoir réel de décision et de contrôle des assemblées parlementaires* au profit de l'exécutif et de ses agences. Ceci a renforcé les logiques corporatistes, et les lobbies les plus forts ont pu imposer la défense de leurs intérêts.

La deuxième période a été caractérisée par l'intensification des mesures restrictives et réductrices, et leur généralisation à l'ensemble des domaines de la vie économique et sociale. La « guerre au *Welfare* » n'est plus un slogan électoral : les artisans de sa démolition ont réalisé amplement leurs objectifs [38].

On peut regrouper les effets majeurs dévastateurs produits au cours de cette deuxième période en trois catégories principales :

• *amputation de la citoyenneté.*

Celle-ci n'est plus un droit appartenant à tout membre d'une communauté humaine. Elle est soumise à des conditions de plus en plus contraignantes ;

• *rétrécissement du champ de la solidarité.*

Celle-ci n'est plus proposée comme le principe fondateur de nos sociétés ; son application dans le fonctionnement concret du vécu social rencontre des difficultés et des limites croissantes au plan politique, culturel et institutionnel ;

• *réduction de la richesse commune* (la res publica) *et des espaces publics.*

Le démantèlement des biens et des services communs et publics a atteint des niveaux considérables, et pas seulement au Royaume-Uni où la volonté de démolition de l'État du *Welfare* a été la plus violente et radicale.

Que la citoyenneté ait été amputée et mise sous condition n'est plus à démontrer. Suite à l'abandon de la politique du plein emploi, il n'y a plus, affirme-t-on, de travail possible pour tout le monde (selon la définition traditionnelle du plein emploi)[39] ; or, le droit au travail reposait sur le plein emploi. Faute d'avoir procédé aux nécessaires redéfinitions du rôle du travail dans la société [40] ou, alternativement, aux nécessaires réductions/redistributions du temps de travail [41], la réalité est devant nos yeux : il n'y a plus de droit au travail garanti.

Par ailleurs, le travail à conquérir n'est plus un travail à contrat de durée indéterminée, stable, couvert par la sécurité sociale, rémunéré de manière décente et gratifiante. Si l'on généralise la situation existante aux États-Unis et au Royaume-Uni, il s'agit plutôt d'un travail sans contrat (le plus souvent), pour un mois, une semaine, un an, mal payé, sans protection sociale (sauf si l'on est suffisamment rémunéré que pour pouvoir souscrire des assurances-maladie, des assurances-pension, etc.), non gratifiant. Nous tous, avons été réduits à une ressource humaine « employable » sur des bases intérimaires et selon des modalités que l'on souhaite particulièrement flexibles, notamment à l'avantage de l'employeur.

Dès lors, si le droit au travail ne peut plus être garanti à tout le monde, le droit à la sécurité sociale n'est plus garanti non plus. Le revenu minimal d'existence, comme les autres droits, n'est plus accessible que dans la mesure où l'on satisfait à des conditions de plus en plus nombreuses. Aux États-Unis, conformément au nouveau décret réformant l'aide sociale et signé fin août 1996 par le Président Clinton, obligation est faite au chef de ménage bénéficiaire de l'assistance sociale de travailler au bout de deux ans. S'il ne travaille pas, il ne recevra plus aucune aide pour lui et les membres de sa famille. En outre, le nouveau décret instaure un quota d'assistance de cinq ans cumulés durant une vie. Au-delà des cinq ans, le « citoyen » américain, chef de ménage, ne pourra plus bénéficier de l'aide sociale.

Il en va de même de l'allocation octroyée aux mères célibataires. Les États de l'Union sont autorisés à fixer une durée maximale d'aide inférieure à cinq ans et à réduire le montant de l'allocation à la mère isolée qui aurait un nouvel enfant. En outre, la nouvelle législation autorise la réduction automatique de l'allocation, infligée à toute femme qui refuse d'identifier le père de son enfant, et l'assignation à résidence des mères célibataires chez leurs parents (ce qui réduit les dépenses publiques, d'ailleurs fort modestes, pour le logement social). Autre cas significatif : sont désormais exclus de la plupart des programmes sociaux tous les non-citoyens, immigrés *légaux* compris.

Les pays européens occidentaux n'ont pas (encore ?) adopté de restrictions à la citoyenneté aussi répressives et régressives, mais ils semblent désireux et prêts à le faire, comme le montre la cascade de nouvelles mesures réductrices prises ces dernières années, et qui sont venues s'ajouter à celles adoptées au cours de la première période.

La thèse sur le caractère réversible et conditionnel des droits de la citoyenneté a été réaffirmée avec force et grande clarté dans un récent article, publié par le quotidien économico-financier italien le plus prestigieux, *Il Sole-24 Ore* [42]. Selon l'auteur, « la protection sociale n'est ni un droit inaliénable ni une contrepartie due ». Certes, « dans les démocraties développées, la protection sociale est devenue un droit des citoyens. Mais il s'agit, malgré tout, d'un droit conditionné : sa jouissance suppose la disponibilité de ressources financières de la part de l'État. Il n'est pas, par conséquent, correct de considérer les droits sociaux de la même manière que les autres droits traditionnels de la citoyenneté, les droits civils et politiques. Ces derniers sont, pour ainsi dire, expressifs alors que les droits sociaux sont distributifs. Si des ressources ne sont pas disponibles, il ne peut pas y avoir de distribution, même si celle-ci est prévue et garantie par la loi. »

Voilà réintroduite une opposition, au sein de la citoyenneté, entre droits civils et politiques, qui seraient l'expression propre du citoyen dans les démocraties occidentales, et les droits sociaux qui, eux, n'en feraient pas partie. On acquiert les droits sociaux, prétend-on. On peut dès lors les perdre. Tout est lié, dit-on, à la disponibilité financière, la notion de disponibilité étant définie par rapport aux ressources laissées ou rendues disponibles après la répartition des gains de productivité en faveur du capital et de la compétitivité de l'industrie « nationale ». Peu importe que la richesse d'un pays augmente (comme c'est constamment le cas des pays européens, de l'Amérique du Nord et du Japon, depuis la deuxième Guerre Mondiale) et que, donc, les ressources financières disponibles augmentent. Puisque la priorité est donnée à la diminution des dettes publiques et de l'intervention de l'État, il est clair, affirme-t-on, que les ressources disponibles de l'État tendent à diminuer. En conséquence, les dépenses publiques pour le *Welfare* et pour le bien commun doivent diminuer.

Devant un raisonnement aussi spécieux, une question s'impose : et si l'on procédait, dans le cadre de l'augmentation continue de la richesse de nos pays, à une répartition de la richesse plus favorable à l'investissement destiné à augmenter la richesse commune et la solidarité entre les membres d'une communauté humaine, pourrait-on encore parler de non-disponibilité des ressources financières ? Certainement pas.

Autre remarque : prétendre que l'on puisse couper en morceaux la citoyenneté née avec l'État du *Welfare* consiste à détruire le sens même de la citoyenneté. Il n'y a pas de citoyenneté partielle ou parcellaire limitée à une catégorie de droits (civils), à deux catégories de droits.

L'amputation de la citoyenneté a été, tout naturellement accompagnée et renforcée par *le rétrécissement croissant du champ de solidarité* en tant que principe fondateur de l'État du *Welfare* et du bien commun. Le rétrécissement a opéré à la fois au plan politico-culturel et au plan économico-financier. La réaction, de plus en plus répandue dans nos populations, consistant à dire « Avant de penser à aider les pauvres d'Asie, d'Afrique et d'Amérique Latine, pensons à éradiquer la pauvreté de chez nous », illustre bien les mutations intervenues dans les consciences et les pratiques sociales de nos peuples. Apparemment pertinente et de bon sens, cette réaction met en lumière l'œuvre de désinformation et de matraquage culturel réalisée avec une efficacité croissante de la part des pouvoirs dominants. Ceux-ci ont réussi à faire croire qu'il n'y a pas assez de ressources financières pour combattre la pauvreté dans le monde et qu'il faut, par conséquent, opérer selon des priorités. Dès lors, il est « naturel » que la priorité soit donnée à « nos pauvres ». Ils alimentent également la croyance selon laquelle la pauvreté en Afrique, en Amérique Latine, en Asie n'aurait aucun lien avec la pauvreté renaissante en Europe occidentale, au Japon et surtout aux États-Unis. Or, tout montre que les phénomènes de pauvreté obéissent partout aux mêmes conceptions et politiques axées sur l'acceptation et l'inévitabilité des inégalités, sur la logique de l'exclusion des plus faibles, des inadaptés, des « résistants»[43]. Aujourd'hui, la pauvreté dans le monde est la résultante des logiques excluantes et prédatrices sous-jacentes à l'actuelle mondialisation de l'économie de marché libéralisée, déréglementée, privatisée et compétitive.

Le rétrécissement du champ de la solidarité au plan économico-financier tient, pour sa part, au respect et à l'application des Nouvelles Tables de la Loi, en particulier des commandements relatifs à la privatisation et à la compétitivité.

Plus on privatise des pans entiers de l'économie, plus on donne de la légitimité aux intérêts particuliers privés par rapport à l'intérêt général. Le champ du « chacun pour soi » s'élargit et se renforce, alors que le champ de la solidarité se réduit et s'affaiblit.

Le critère d'efficacité est rapporté de plus en plus au degré de liberté laissée aux intérêts privés pour poursuivre la maximisation de leur satisfaction. Une économie efficace est mesurée en fonction de sa capacité à devenir ou être un champ favorable à la compétitivité entre intérêts privés pour la conquête des marchés mondiaux. Il en va de même pour l'évaluation de l'efficacité de l'action des pouvoirs publics.

D'où, enfin, la troisième catégorie des effets dévastateurs produits par l'œuvre de démolition : *la réduction de la richesse commune.*

Par l'imposition du commandement de libéralisation, les classes dirigeantes du monde développé obligent l'ensemble des sociétés de notre Terre à ouvrir leurs richesses naturelles et immatérielles à la conquête des plus forts. Plus rien ne leur appartient en propre : tout est susceptible d'être « acheté », exploité, approprié par les agents économiques des autres parties du monde. Les fameux droits de la propriété intellectuelle servent d'ailleurs principalement les intérêts des plus forts par le biais des brevets, des normes et des standards. Prenons l'exemple des forêts ; au départ, tout doit être libéralisé. Une fois que les espèces végétales, animales ou microbiennes qui composent le capital biotique du monde (à 80 % concentré dans les forêts équatoriales) sont « conquises » par les entreprises du Nord, elles sont brevetées et deviennent leur propriété exclusive. Ainsi, on assiste à une accélération de la transformation des ressources éco-biologiques du monde — notamment le sel — en ressources privatisables et privatisées.

L'application du commandement de privatisation a complété l'action de la libéralisation. Ce faisant, les classes dirigeantes des pays développés ont effectué une opération à vaste échelle, pour ne pas dire à échelle planétaire, de braderie systématique à bas prix de la richesse commune d'un pays et du monde.

Dans le contexte ainsi créé, personne ne pourra empêcher légalement les compagnies aériennes, de n'importe quel pays du monde, d'essayer de desservir les liaisons Francfort-Munich ou Rome-Milan, Tokyo-Osaka, Paris-Marseille, etc. De même, n'importe quelle entreprise de n'importe quel pays pourra essayer d'assurer la distribution d'eau en Wallonie, d'électricité en Bavière ou le traitement des maladies cardio-vasculaires en Catalogne.

Les commandements de la libéralisation, de la privatisation et de la déréglementation affirment qu'il n'y a plus aucune raison économique justifiant que la liaison aérienne Rome-Milan soit prioritairement gérée et assurée par des Italiens ; que l'eau en Wallonie soit prioritairement gérée et distribuée par les habitants de la région ; que les soins de santé en Catalogne soient prioritairement gérés et assurés par des Catalans. La même remarque vaut, bien entendu, pour les États-Unis, la Chine, l'Inde, le Brésil,...

On veut nous convaincre qu'il n'y a plus de liens profonds et durables entre une communauté humaine et les activités de production et de redistribution de richesse. L'argument est le suivant : qu'importe que l'eau en Wallonie soit propriété d'une société financière américaine et qu'elle soit distribuée par une société britannique, si les consommateurs d'eau wallons la reçoivent à un prix plus concurrentiel et à qualité de services supérieure par rapport à l'eau d'une entreprise publique wallonne ? Ce qui compte n'est pas la communauté wallonne, les biens communs, l'intérêt général de cette communauté, disent-ils. Ce qui compte le plus, dit l'argument, c'est le marché de l'eau, le prix de l'eau, le profit que l'on peut tirer de l'eau, le consommateur. Une société ne peut vivre et se développer sur la base d'une telle conception.

Enfin, la richesse commune disparaît définitivement sous l'application étendue du commandement de dérégulation. À partir du moment où l'État n'est plus le principal acteur de la régulation de la gestion d'une communauté humaine, mais est réduit à exercer tout au plus une fonction régulatrice résiduelle qui lui serait laissée par le marché uniquement pour corriger les défauts du marché, c'est le cœur même de la société du bien commun qui est touché gravement. Enlever à la société humaine la capacité de gouverner et manœuvrer l'économie, c'est lui enlever les moyens lui permettant de définir ses finalités aux plans politique, économique et social, et de maîtriser son avenir.

Même le nouveau Président de la Banque Mondiale, Mr. James D. Wolfensohn, préfaçant une étude de son organisation sur le monde du travail, admet que « la réduction des interventions gouvernementales sur les marchés et sur l'intégration accrue du commerce et des flux de capitaux, fait que les décisions concernant les salaires et les conditions de travail sont dictées par des pressions compétitives mondiales »[44].

Le pouvoir de manœuvrabilité de l'économie est passé aux mains des grands réseaux mondiaux d'entreprises multinationales privées, notamment financières (fonds d'investissement et fonds de pensions, en particulier). Dès lors — cercle vicieux — la mondialisation de l'économie manœuvrée par des intérêts économiques et financiers privés oblige les États à accorder la priorité aux « contraintes » économiques et financières, se soumettant ainsi à la logique des grands pouvoirs économiques et des marchés financiers.

Tout conduit à laminer les pouvoirs des États et des représentations démocratiques (les parlements nationaux), ainsi que ceux des organisations internationales intergouvernementales, au profit des pouvoirs privés mondiaux [45]. « Le droit *public* qui se forge tend à être avant tout un droit commercial privé d'amplitude planétaire. »[46]

Il n'est pas étonnant, dès lors, de se retrouver nez à nez avec l'explosion des inégalités et la montée de l'exclusion sociale. Laissons parler quelques chiffres récents :

• 1% des foyers américains les plus riches possèdent presque 40 % de la richesse nationale (d'après Keit Bradsher « US Ranks First in Economic Inequality », *International Herald Tribune,* 18 avril 1995), et 36 % (d'après le PNUD, voir ci-après) ;

• entre 1977 et 1992, la productivité moyenne des travailleurs américains a crû de plus de 30%, cependant que le salaire moyen réel chutait de 13 % ;

• le salaire moyen hebdomadaire en 1993 était plus bas que celui de 1959 aux États-Unis et au Royaume-Uni. On retrouve des données semblables au Canada et en Australie ;

• au Royaume-Uni, les 20 % les plus aisés ont vu leur part du revenu national grimper de 35 à 43 % entre 1972 et 1993, tandis que la part des 60% les plus pauvres chutait de 42 à 34 %. En 1979, 5 millions de Britanniques vivaient au-dessous du seuil de pauvreté. Ils sont devenus 13,9 millions en 1992 ;

• en Wallonie, 4 % de la population seulement vivent au-dessous du seuil de la pauvreté, cela grâce aux transferts sociaux et aux prestations de la sécurité sociale. Ils deviendraient 44% si la sécurité sociale disparaissait ;

• dans les pays de l'Union européenne, le nombre de pauvres a augmenté considérablement au cours des 10 dernières années. L'Office central des statistiques européennes l'estimait à 56 millions en 1994.

Au niveau mondial, l'aggravation des inégalités n'est pas moins terrible. Selon le rapport du Programme des Nations Unies pour le Développement (PNUD), *La pauvreté dans le monde* (1996), le fossé se creuse de plus en plus vite entre riches et pauvres en dépit de la croissance :

• la fortune des 358 milliardaires (en dollars) de la planète est plus importante que les revenus cumulés de 45 % des habitants les plus pauvres (soit 2,3 milliards de personnes). Pourtant, entre 1960 et 1995, la richesse mondiale produite par an a sextuplé, passant de 4 000 milliards de dollars à 23 000 milliards, et le revenu par habitant a triplé en moyenne ;

• au cours des 30 dernières années, la part du revenu mondial détenue par les 20% de pauvres les plus pauvres de la planète est tombée de 2,3% à 1,4%. Dans le même temps, la part des 20% les plus riches est passée de 70 à 85%. La disparité du revenu (PIB par habitant) entre les pays industrialisés et les pays en développement, quant à elle, a triplé entre 1960 et 1993, passant de 5 700 dollars à 15 400 dollars ;

• entre 1995 et 1980, le PNUD avait comptabilisé 200 millions de personnes dont le revenu avait régressé. Entre 1980 et 1993 ce fut le cas de plus d'un milliard d'individus. Dans 70 des pays qui ont stagné ou décliné (dont une large partie a subi le traitement des ajustements structurels imposés par le Fonds Monétaire International et la Banque Mondiale), les revenus moyens sont aujourd'hui inférieurs à ceux de 1980. Dans 43 cas, ils sont en-dessous du niveau de 1970 ;

• les écarts de revenus s'accentuent à l'intérieur de beaucoup de pays en développement ; c'est le cas au Guatemala, au Panama et au Brésil, ainsi que dans la plupart des pays d'Afrique et d'Asie. Un peu moins dans les pays du Sud-est asiatique (« les quatre dragons ») ;

• d'après le PNUD, si rien n'est fait, l'extrapolation des tendances actuelles va conduire à un monde où, en 2030, le revenu annuel des plus pauvres devrait s'élever à 325 dollars par tête, tandis que celui des pays industrialisés atteindra quelque 40 000 dollars.

Le nombre de personnes n'ayant pas accès à l'eau potable s'élève à plus de 1,4 milliard, celui des personnes sans maison à 1,7 milliard. Les analphabètes s'élèvent à plus de 1 milliard. Même chiffre pour les chômeurs, sur une population en âge actif de 2,5 milliards de personnes. Désormais, plus de 2 milliards de personnes ont un revenu inférieur à 2 dollars par jour !

Comme on le voit, le passage du bien commun recherché en bien commun délaissé a sérieusement réduit le droit à la citoyenneté. Tout cela ne pouvait que conduire aussi à l'ébranlement du lien social.

Le lien social ébranlé : La montée du « monde des sans »

L'expérience quotidienne nous le montre, parfois avec violence : *le chacun pour soi* est devenu le mot d'ordre de tout individu, groupe social, organisme, ville, région, pays... On ne fait que constater l'emprise de *l'individualisme* à outrance, comme si la survie individuelle était la seule logique comprise et assimilée par tous, dans toutes les parties du monde.

Aurait-on pu s'attendre à un autre résultat, lorsque les Nouvelles Tables de la Loi nous apprennent à vivre et à grandir dans la culture de la conquête, dressant les individus, les entreprises, les villes, les régions, les pays les uns contre les autres ?

L'individualisme (conquérant ou repli sur soi) est une conséquence naturelle et inévitable des stratégies dominantes, axées sur *l'itinéraire individuel* : on nous apprend partout que la voie royale consiste à maîtriser la vie par des moyens et finalités individuels. L'éducation/formation est personnelle tout au long de la vie. Le computer est personnel pour assurer le système de communication personnel. Le travail est personnel pour acquérir le revenu personnel. La voiture est individuelle pour satisfaire les besoins de la mobilité personnelle.

Tout au plus — puisqu'on ne peut pas faire autrement — on nous pousse à nous inscrire dans *une logique corporatiste* de groupe, de plus en plus mondialisée ; on accepte comme inévitable l'explosion des « *localismes* » aveugles, violents. L'agressivité devient l'expression « sociale » la plus cohérente.

On perd dès lors confiance dans les vertus et l'utilité de la reconnaissance de l'autre, du dialogue, et de la concertation. L'écoute de l'autre, la coopération avec l'autre sont même perverties : elles deviennent des instruments opportunistes au service de la stratégie de survie. C'est le cas des alliances stratégiques et des coopérations interentreprises, qui continuent à foisonner dans tous les domaines. La plupart de ces coopérations répondent principalement à l'objectif de chaque « partenaire » impliqué de devenir plus fort, voire mieux équipé, pour éliminer le partenaire-concurrent. Ceci explique le pourcentage particulièrement élevé de la mortalité de telles alliances à court et à moyen terme[47].

Le *scepticisme* se généralise, même auprès des jeunes. On donne l'impression que nous sommes devenus incapables de penser que les autres puissent nous regarder et se comporter vis-à-vis de nous avec respect, générosité, amitié, un esprit coopératif, une volonté d'exister et de faire ensemble. On a perdu confiance dans les institutions sociales et politiques. Le scepticisme vis-à-vis des institutions parlementaires, de la justice, de l'administration, des dirigeants politiques semble être devenu une mode universelle, un jeu auquel on s'adonne et dans lequel on se complaît dans toutes les parties du monde. Un certain *fatalisme local et planétaire* a pris la place de la culture des projets, du volontarisme des années '50 et '60 (dans le bon sens) et des années '80 (dans le mauvais sens). La population a l'impression que les choses du monde passent (volent) au-dessus de leur tête.

Bref, le sentiment de faire partie d'une communauté sociale concernée par le bien commun semble entré en hibernation. Le nombre de catégories « d'exclus » de la société augmente sans cesse dans *tous* les pays. Les expulsions forcées, en France, des « sans papiers » ; l'interdiction d'accès aux espaces publics pour les « sans domicile fixe » en Europe, aux États-Unis, au Japon ; la fermeture de l'accès au marché du travail pour les « sans qualification » ; la marginalisation économique et culturelle des « sans computer » ; les menaces d'« euthanasie économique » qui pèsent sur les personnes âgées sans ressources financières adéquates (on ne pourra plus les soigner en raison des coûts), et les malades du Sida accusés d'être « sans morale », sont des manifestations typiques de formes anciennes et nouvelles du rejet de l'autre, du refus du partage, de la déliquescence du lien social.

Le tableau ci-dessus esquissé est objectivement décourageant. Fort heureusement, la démolition du bien commun a rencontré des limites importantes, et fait l'objet de résistances de plus en plus vigoureuses.

Limites et résistances

Comme dit un proverbe très familier en milieu financier, « Les arbres ne peuvent pas grandir jusqu'au ciel ». Même les Nouvelles Tables de la Loi rencontrent des limites.

Une première limite est ancrée dans l'histoire des sociétés humaines. Quelle que soit la forme que prend la vie sociale, aucune expérience n'a su ni pu résister à sa disparition, à partir du moment où elle avait démoli le sens de l'identité collective, les processus de formation de l'appartenance et d'allégeance à une histoire et à un vécu communs, la volonté d'être et de faire ensemble.

Le *killer capitalism,* (dénoncé par l'une des revues du temple de la scolastique du capitalisme mondial, *Business Week*, au mois de mars 1996[48]), est un signe éclairant de la reconnaissance de l'existence des limites à la survie, dans le long terme, d'une « communauté humaine » qui détruit les fondements et les biens « communs ».

Le fait que l'État du *Welfare* ait été et reste l'une des plus importantes « révolutions sociales » des 200 dernières années et que, par conséquent, il soit profondément enraciné dans les structures des sociétés de ce siècle, constitue la deuxième limite à sa disparition. Les éléments de la mosaïque du bien commun sont faits de granit. Il n'est pas facile de les détruire.

La troisième limite est liée aux résistances, apparues notamment depuis le milieu des années '80, non seulement dans les pays les plus fragiles et appauvris du « Sud » du monde et auprès des couches sociales les plus défavorisées au sein des « Suds du Nord », mais aussi auprès des classes moyennes favorisées des pays développés.

On ne compte plus le nombre d'organisations, de groupes et de mouvements nés et agissant depuis plusieurs années contre les Nouvelles Tables de la Loi, et qui composent la société civile mondiale en formation [49].

On peut les regrouper autour de deux catégories principales.

Il y a tout d'abord la catégorie des résistants/opposants, dont l'action précéda la crise de l'État du *Welfare* sous les coups des Nouvelles Tables de la Loi, mais qui ont poursuivi leur action contre la mondialisation, excluante et appauvrissante avec une énergie renouvelée. Il s'agit de tous *les mouvements, les organisations et les groupes Tiers-mondistes, ainsi que des associations se battant en faveur du développement* des pays pauvres et ex-colonisés, pour un nouvel « ordre » mondial. Plus ou moins lié aux Églises chrétiennes (protestants, catholiques, orthodoxes), à l'Islam et aux religions asiatiques, ainsi qu'aux gouvernements promoteurs de l'aide au développement, ce volontariat et ce militantisme civil ont réalisé d'importantes percées dont les résultats seront visibles dans quelques années.

Signalons en particulier :

• la campagne pour l'abolition de la dette du Tiers Monde (menée par des dizaines d'organisations de divers pays du monde et d'inspiration idéologique différente). En Europe, parmi les réseaux les plus actifs figure le CADTM ;

• les actions en faveur de nouvelles règles pour le commerce mondial (« commerce équitable », *Made in dignity*, *Clean Clothes*, les Magasins du Monde, les « clauses sociales »), contre les principes de libéralisation et de déréglementation imposés par le GATT (devenu l'Organisation Mondiale du Commerce) et par le FMI et la Banque Mondiale ;

• la campagne « 50 ans ça suffit », à l'occasion de la célébration du cinquantième anniversaire de la signature des accords de Bretton Woods et de la création de la Banque Mondiale et du Fonds Monétaire International. Menée par une centaine d'organisations, elle a vu activement engagées des associations d'inspiration religieuse œcuménique (exemple : l'organisation « Kairos ») et une forte participation des ONG nord-américaines, scandinaves et suisses ;

• les campagnes anti-sommets, organisées à l'occasion des réunions du G7 (le groupe des 7 pays industriels les plus grands du monde) et, dans le même ordre d'idées, les initiatives prises à l'occasion de la tenue des conférences mondiales organisées sous l'égide des Nations-Unies, le plus souvent à la demande même et sous la pression des mouvements de la société civile. On pense à la Conférence de Rio de Janeiro *Environnement et Développement* en 1992, à la Conférence de Vienne sur les droits de l'homme en 1993, à la Conférence du Caire *Population et Développement* en 1993, à celles de Copenhague sur le développement social et à Beijing sur les femmes en 1995, à la Conférence d'Istanbul sur l'habitat et les villes en 1996.

À chaque sommet et conférence, les représentants de la société civile ont été particulièrement actifs, et ont réussi à secouer quelque peu le monde de l'*establishment* et du « politiquement correct ».

En général, les conférences mondiales n'ont pas donné, à court et à moyen terme, de résultats concrets positifs. Elles n'ont eu aucun impact sur le fonctionnement de l'économie de marché capitaliste mondialisée. Cependant, grâce à la présence et à l'activisme des organisations de la société civile, elles resteront dans l'histoire de nos sociétés comme des petits moments fondamentaux dans le processus de construction d'une conscience mondiale et des bases d'une gouvernance démocratique de la communauté mondiale.

La deuxième catégorie est composée des résistants/opposants dont l'action se situe *à la fois dans le champ de la lutte pour le développement des pays pauvres et fragiles et un autre développement mondial, et dans le champ du développement de la solidarité et de la citoyenneté sociale* grâce, en particulier, à des expériences de concrétisation sur le terrain des principes et des institutions de solidarité et de citoyenneté sociale.

Font partie de cette catégorie :

• les mouvements d'inspiration politique et socio-économique visant à défendre et à promouvoir les droits de la citoyenneté contre les attaques des Nouvelles Tables de la Loi. Il s'agit des actions menées, par exemple et selon des modalités différentes, par Amnesty International, Avocats et Médecins sans frontières, la Ligue internationale des droits de l'homme, les Comités UNICEF pour les droits des enfants, Solidarité internationale des femmes, le Mouvement international contre le racisme et la xénophobie, *Transparency International.* Des milliers d'organisations y sont impliquées. S'il n'y avait pas eu l'action de ces organisations, l'état des droits de l'homme, des droits des enfants, des immigrés, des femmes serait aujourd'hui pitoyable ;

• les initiatives prises dans le but de créer des modes nouveaux de réalisation de la solidarité et de la citoyenneté sociale dans le vécu quotidien. Recherchant, dans la plupart des cas, l'autonomie financière pour dépasser les contraintes représentées par la dépendance du financement des pouvoirs publics et des entreprises privées, il s'agit de la création de nouvelles communautés de personnes (telles que celles promues par les Compagnons d'Emmaüs en France et dans une vingtaine d'autres pays dans le monde, ou par la Communauté de la Poudrière en Belgique, les Villages de la Fondation Emmanuel dans les Pouilles en Italie). Il s'agit également de la constitution d'entreprises à finalité sociale : entreprises proprement dites, mais pour lesquelles l'objectif principal n'est pas le profit mais la production d'un bien ou d'un service d'utilité sociale et la création d'emplois. Je pense, à titre d'exemple à l'entreprise « Terre » à Liège ou aux nombreuses « banques éthiques » qui ont vu le jour ces cinq dernières années, et dont l'objectif est de promouvoir des circuits financiers nouveaux où le capital est mis au service de finalités sociales et au renforcement de la richesse commune [50]. C'est le monde de *l'économie sociale*, du « secteur non-profit », du « tiers secteur », dont font partie aussi les organisations traditionnelles de type coopératif et mutualiste. Univers en émergence et univers en renouvellement rapide, l'économie sociale a alimenté des espoirs considérables, parfois sur-dimensionnés. Elle fait l'objet d'évaluations divergentes quant à son ampleur, son influence et son avenir[51];

• des initiatives plus récentes, prises en réaction aux dégâts causés par l'application des Nouvelles Tables de la Loi. Il s'agit des organisations nées pour défendre le nouveau « monde des sans » : les « sans domicile fixe » (telle que, en France, le DAL, Droit Au Logement), les « sans emploi » (je pense à l'association belge « Coup de pouce pour l'emploi», axée sur la synergie entre formation sur le terrain par la restauration de petites maisons réaffectées ensuite au logement de familles sans domicile fixe) ; les « sans qualification », notamment en milieu d'immigrés (à signaler, à ce propos en Belgique, l'action du CASI) ; les malades du Sida et les divers autres groupes sociaux « à risque » ou « exclus ». Il s'agit aussi d'organisations qui se battent contre les privatisations ; contre le rabotage des institutions démocratiques représentatives ; pour une intégration européenne inspirée davantage par des finalités sociales et humaines que par des finalités monétaires, économiques et marchandes. Ces organisations expriment la révolte des citoyens devant la marée montante du « monde des sans ».

Toutes ces initiatives, organisations et associations n'ont pas réussi, jusqu'à présent, à arrêter ou freiner la puissance et l'emprise des Nouvelles Tables de la Loi. Prises individuellement, leurs actions donnent l'impression d'être peu efficaces.

Pourtant, il ne faut pas sous-estimer le rôle de fond joué par ces millions de « petites molécules » face aux « grosses molécules mondiales » de la puissance militaire, industrielle et financière.

Les « petites molécules » ont un avantage par rapport aux « grosses » : véritable expression de la conscience morale mondiale et d'une demande sociale mondiale, elles ont le pouvoir de l'avenir.

L'avenir d'une société humaine mondiale plus juste sur le plan social, plus efficace sur le plan économique, plus démocratique sur le plan politique, plus durable sur le plan environnemental et, *last but not least,* plus active dans la reconnaissance et le respect de l'autre, cet avenir-là leur appartient.

Un projet collectif

L'importance des limites « internes » à l'œuvre de démolition, et la résistance capillaire opposée au démantèlement du bien commun par une société civile en voie de mondialisation, laissent la porte ouverte à l'espoir.

Pourtant, aucune force politique et sociale agissant au sein des pays les plus développés et qui aurait, en théorie, la capacité de faire basculer le cours de l'histoire, ne donne l'impression d'être convaincue de la nécessité de se battre énergiquement contre les six commandements des Nouvelles Tables de la Loi.

La réalité de tous les jours, faite de guerres inter-ethniques, de guerres commerciales, de conflits religieux, de croissance du chômage, de violences (dues à l'intolérance, à la misère, au fanatisme), de terrorisme aveugle, de drogue dévastatrice, de consumérisme abrutissant, n'incite pas non plus à l'optimisme.

Dans ces conditions, n'est-ce pas faire preuve d'une profonde naïveté que de vouloir parler de bien commun, et surtout de bien commun mondial ? de réfléchir aux fondements et à la promotion de l'intérêt général ? de proposer un contrat social mondial ? de croire qu'il sera possible, au cours des 20-25 ans à venir, de jeter les bases d'une société mondiale profondément différente de celle imposée par les Nouvelles Tables de la Loi ?

N'est-il pas préférable, à l'inverse, de faire acte de pragmatisme en adoptant une approche plus concrète, axée sur la politique du possible, au cas par cas, sans se faire aucune illusion sur l'homme et sur la société humaine ? de profiter de l'intérêt bien défini de chacun pour trouver les convergences nécessaires aux compromis d'opportunité (car seule la satisfaction première de l'intérêt est le moteur de l'histoire) ?

Ni la naïveté angélique, ni le pragmatisme cynique ne nous aident à progresser dans la maîtrise des évolutions de nos sociétés.

Dans moins de 25 ans — c'est-à-dire demain matin —, vers l'an 2020, la population mondiale sera composée de 8 milliards de personnes (5,8 milliards en 1995). La véritable question pratique qui nous est posée est la suivante : considérons-nous que les Nouvelles Tables de la Loi permettront à ces 8 milliards de personnes d'être des personnes humaines dignes de ce nom, pouvant satisfaire leurs besoins de base en eau potable, logement, alimentation, énergie, santé, éducation, information, transport, communication, participation au gouvernement de la société, loisir, expression créatrice ?

À la lumière de l'œuvre de démolition du bien commun en cours, la seule réponse réaliste correcte est négative. Quels autres principes, règles et institutions devrons-nous inventer et mettre en œuvre, à l'échelle mondiale et locale au cours des 20-25 prochaines années, afin que les 8 milliards puissent être effectivement des personnes humaines dignes de ce nom ?

Dans un ouvrage précédent, écrit avec les membres du Groupe de Lisbonne[52], la même question a été posée. Faisant trésor des commentaires et des débats suscités par *Limites à la compétitivité*, il est possible d'approfondir et d'enrichir la réponse que nous avons donnée et les propositions que nous avons faites en 1992-93, lors de la rédaction de cet ouvrage.

L'existence de l'autre : lui dire bonjour

En effet, un élément nouveau doit être introduit dans nos analyses et nos propositions. Au fur et à mesure que le rythme de la mondialisation de l'économie s'accélère et s'intensifie, en renforçant *le passage de l'histoire de la richesse des nations à l'histoire de la richesse du monde*[53], l'idée que l'avenir de chacun d'entre nous est davantage *made in the world and by the world*, prend une consistance pratique et une signification historique de plus en plus fortes.

Il ne s'agit plus, comme jadis, d'une situation d'interdépendance mondiale à l'échelle internationale. Si tel était le cas, la nouveauté du nouveau monde mondialisé en formation consisterait dans l'intensification des processus d'interdépendance (tels que l'internationalisation de la production, des capitaux, des services financiers...). Il s'agit plutôt du passage de l'ère de l'interdépendance à l'ère de la mondialité de la condition humaine[54].

L'ère de la mondialité signifie que la société humaine a pris conscience de son existence en tant que communauté mondiale, et non plus en tant qu'ensembles multiples, juxtaposés ou interdépendants, de groupements humains, peuples, nations, uniques et indépendants, dont l'histoire récente aurait intensifié et approfondi les relations de domination-dépendance et de coopération.

Le passage à l'ère de la mondialité se manifeste en premier lieu dans nos têtes, nos consciences. Le premier véritable moment de cette prise de conscience de la mondialité a eu lieu avec la découverte effrayante des conséquences terrifiantes de l'utilisation de la bombe atomique. Le monde post-Hiroshima est un monde entièrement nouveau.

Le deuxième moment est symboliquement lié au premier homme dans l'espace (le Soviétique Gagarine, en 1957) et aux premiers pas humains sur la lune. Le choc fut aussi grand en 1969 lorsque, grâce aux images émises par la navette Apollo, nous avons tous pu regarder à la télévision notre planète, la Planète bleue, dans sa totalité. À ce moment-là, l'impression ressentie par les humains fut celle d'une découverte de la planète comme un bateau ou vaisseau commun, de la Terre comme une seule Terre commune. Les journaux de l'époque usèrent abondamment de telles expressions et métaphores, sans soulever ironie et ricanements. Les gens avaient pris au sérieux l'événement nouveau : se découvrir petite molécule parmi d'autres milliards de petites molécules sur une petite planète commune.

Le troisième moment de cette prise de conscience est encore plus récent. Il est associé à l'explosion, non pas d'une bombe atomique, mais d'Internet en tant que réseau mondial interactif de réseaux informatiques. Par Internet, le monde est devenu un espace immédiat de relations entre personnes. Les coordonnées spatiales Nord-Sud/Est-Ouest perdent de leur signification passée pour se confondre dans un espace en principe unique. Il en va de même de la dimension temporelle : l'instant caractérise toujours plus la société mondiale. Certes, Internet comporte d'autres aspects qui appellent une attitude critique rigoureuse. Par rapport à l'objet de nos réflexions, il n'y a pas de doute qu'Internet fait partie de ces moments symboliques d'éveil des consciences en ce qui concerne l'ère de la mondialité de la condition humaine.

Nous découvrir et — par de multiples autres événements — nous sentir partie intégrante de la société humaine en tant que communauté mondiale, signifie que la *reconnaissance de l'autre* (comme cela s'est fait jusqu'à présent vis-à-vis des membres d'une famille ou d'une nation, à travers différentes formes de socialisation) commence à opérer aussi au plan mondial. Reconnaître l'autre ouvre la voie à une autre dynamique importante, à savoir la conscience que *l'existence de l'autre est l'élément central de notre propre existence.* J'existe parce que l'autre existe.

Comme aimait le dire un de mes amis, le Père Léon, fondateur et animateur de la Communauté de la Poudrière à Bruxelles, récemment disparu, « si personne ne te dit bonjour, tu n'existes pas ». Dès lors, savoir et pouvoir dire bonjour aux autres est l'acte de démarrage de l'existence d'un groupe humain, d'une communauté.

On a compris aussi que l'existence de l'autre est un bien de la communauté et que, dès lors, assurer l'existence de l'ensemble des membres de la communauté mondiale, devient le premier objectif commun social.

Parce que nous avons compris cela, nous représentons *la première véritable génération planétaire*, les premiers « terre-patriotes », selon la belle expression proposée par Edgar Morin dans l'ouvrage mentionné plus haut. En tant que tels, nous devons nous donner les principes, les règles, les institutions, la culture et les moyens qui nous permettront d'avancer sur le chemin de la gouvernance mondiale. Telle est la fonction du *contrat social mondial.* Ce contrat social mondial est *à la fois un principe et un outil opérationnel concret.* Je le vois comme un processus qui doit nous permettre de réaliser *le nouveau système mondial de gouvernance.*

Le contrat social mondial

Au-delà du Groupe de Lisbonne, de nombreux autres organismes, groupes et institutions ont fait des propositions allant dans le sens d'un contrat social mondial[55]. Peut-être la spécificité et l'intérêt de la proposition du Groupe de Lisbonne résident-ils dans l'importance attribuée au contrat social en tant que processus à long terme et instrument évolutif pour construire, au cours des vingt-cinq années à venir, un système de gouvernance coopérative mondiale axée sur :

- le contrat de l'avoir,
- le contrat culturel,
- le contrat démocratique,
- le contrat de la terre.[56]

En approfondissant cette proposition, dans le but d'en renforcer la faisabilité et la crédibilité, deux objectifs concrets (ambitieux, mais logiques et nécessaires), méritent d'être mis à l'ordre du jour :

• la définition, la promotion et le développement du bien commun mondial, tel que l'on vient de le définir, à partir du principe de l'existence de l'autre. Que signifie concrètement cela sur le plan de *la richesse commune mondiale ?*

• une nouvelle ingénierie « politique » de la solidarité mondiale, sur laquelle fonder le système mondial de gouvernance coopérative. Autrement dit, comment faire émerger et grandir un nouvel État du *Welfare* à l'échelle mondiale, dont le pluralisme et la diversité seraient les caractéristiques fondatrices ?

Partir de l'existence de l'autre comme bien commun mondial signifie assurer :

• l'accès aux conditions et aux facteurs matériels et immatériels de *l'existence* humaine. Ceux-ci couvrent les besoins en alimentation, énergie, logement, transport, éducation, information, santé, etc.

• l'accès aux conditions et aux facteurs matériels et immatériels de *la coexistence* entre les membres de la communauté mondiale. Ceux-ci couvrent les besoins en transports, communications, information, organisations politiques, organisations sociales, droits civils et politiques.

Les ingrédients concrets du bien commun mondial : Articulation entre existence de l'autre et coexistence

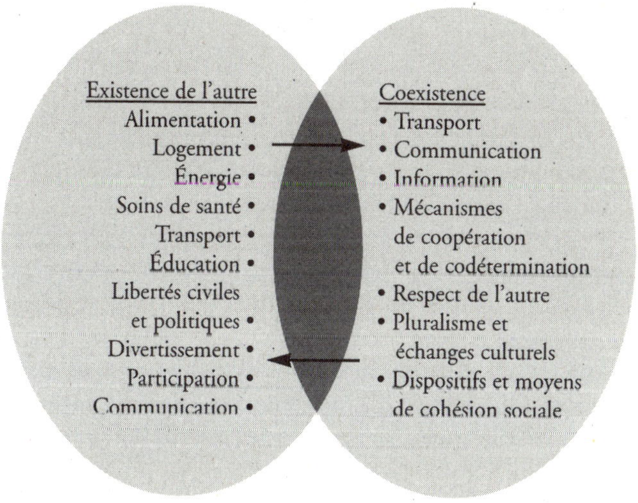

Dès lors, chaque fois que le nombre de personnes n'ayant pas accès ou ayant un accès insuffisant, par exemple à l'alimentation, augmente dans le monde, il y a diminution du bien commun mondial, même si, en termes monétaires, la richesse mondiale (le PIB mondial) augmente.

De même, chaque fois qu'une organisation ou qu'un pays prend une décision qui se traduit par la fragilisation ou l'élimination délibérée et concertée d'une autre organisation ou d'un autre pays, il y a aussi diminution du bien commun mondial.

La politique de taux d'intérêts élevés pratiquée par l'Allemagne et les États-Unis est un exemple des dynamiques qui mènent en ce moment l'économie mondiale à la diminution du bien commun. Il en est de même des politiques qui visent à mettre la science et la technologie au service de la compétitivité pour la survie.

Dans ces cas concrets, il est urgent et indispensable que la production agricole et la technologie soient orientées vers l'augmentation de la richesse commune mondiale. Par *richesse commune mondiale* j'entends l'ensemble des principes, des institutions, des biens, des services qui permettent d'optimaliser l'existence de l'autre et la coexistence.

Plus la notion de productivité évolue vers le concept selon lequel la productivité doit se mesurer par rapport à la contribution qu'une entreprise, une région et un pays apportent à l'augmentation de la richesse commune mondiale[57], plus l'existence de l'autre et la coexistence seront poursuivies et développées.

La richesse commune mondiale ne se mesure pas seulement en termes des grandeurs économiques traditionnelles (PNB, taux de productivité du travail, niveau des investissements et/ou d'épargne, balances commerciales et des paiements...), mais plutôt en fonction d'indicateurs de développement humain et social tels que ceux utilisés par le Programme des Nations Unies pour le Développement. Les indicateurs du PNUD devraient être enrichis par d'autres indicateurs mesurant l'état de développement de la citoyenneté.

La construction d'*indicateurs mondiaux de la citoyenneté* devrait devenir l'une des tâches primordiales des universités et des bureaux de statistiques du monde.

Parmi les éléments de la mosaïque du bien commun qui devraient devenir des priorités immédiates, l'eau représente le candidat le plus approprié à jouer le rôle de premier bien patrimonial commun mondial.

L'eau, premier bien patrimonial commun mondial

Depuis tous temps, on a affirmé et reconnu que l'eau était le bien le plus précieux de l'humanité. Récemment encore, ce principe a été proclamé comme « une vérité universelle », à l'occasion d'un important colloque sur « L'eau et la vie des hommes au XXIe siècle », organisé par le Mouvement universel de la Responsabilité scientifique et l'Académie de l'Eau, à Paris, les 26 et 27 mars 1996. Les organisations internationales (gouvernementales et non-gouvernementales) qui opèrent dans le monde sous la bannière de l'eau, « bien patrimonial mondial le plus précieux de l'humanité », sont légion[58]. Depuis la conférence des Nations Unies sur « Environnement et Développement » à Rio de Janeiro en 1992, on a même proclamé le 22 mars « Journée mondiale de l'eau ».

Pourtant, dès les années '70, l'actuel Secrétaire général des Nations Unies, Mr. Boutros Boutros Ghali, avait attiré l'attention de l'opinion publique mondiale sur le fait que l'eau allait être la cause de dangereux conflits territoriaux et économiques interétatiques, et qu'elle risquait d'être à la base d'une nouvelle guerre « mondiale » entre Israël et les États arabes[59].

Plus d'1,4 millard de personnes n'ont pas d'accès à l'eau potable, tandis que la qualité de l'eau laisse à désirer pour plus de 3 milliards d'êtres humains. L'eau tend à devenir, partout, un produit de luxe qu'il faut payer de plus en plus cher, notamment dans les grandes villes les plus peuplées du monde (Mexico City, Le Caire, Calcutta, Bombay, São Paulo...).

Le décalage entre les affirmations de principe et la réalité est considérable. Nous avons laissé les intérêts sectoriels des uns et des autres transformer l'eau en une ressource appropriable, ouverte à la conquête patrimoniale des plus forts. En tant que bien patrimonial mondial de l'humanité, l'eau aurait dû être protégée par la Loi de l'État. La Loi ne l'a pas fait. Elle le fera encore moins dans le cadre des Nouvelles Tables.

C'est une grande faute que d'avoir enlevé à l'eau son statut de bien public et de la soumettre, comme tout autre bien ou service privé marchand, aux principes de la libéralisation, de la déréglementation et de la privatisation.

L'argument porté en faveur de cette décision est le suivant : l'eau est devenue, dans un nombre croissant de pays, une ressource rare, de plus en plus dégradée ; la raison en est que l'eau, n'ayant pas un prix correspondant aux coûts réels et étant considérée par la population comme étant, de facto, un bien gratuit, a fait l'objet d'une exploitation effrénée et irresponsable (aussi bien pour des usages personnels et domestiques que pour des usages agricoles et industriels) ; il faut, dès lors, introduire la « vérité » des prix et faire de l'eau une ressource « chère » si l'on veut, précisément, responsabiliser la population mondiale à protéger l'eau en tant que patrimoine mondial.

La faiblesse de l'argument saute immédiatement aux yeux si on l'applique, par exemple, aux grandes métropoles du Sud où s'entassent des centaines de millions de gens qui vivent dans la misère la plus profonde. Dans ces villes, la dégradation et la pénurie de l'eau ainsi que les maladies qui les accompagnent sont telles qu'elles menacent de réduire ces agglomérations en de véritables cloaques humains. Comment peut-on raisonnablement imaginer de proposer aux populations de ces villes, pauvres, sans logement, sans travail, de payer l'eau et de laisser jouer la « vérité » des prix du marché ?

L'argument ne tient pas debout non plus au vu des leçons que l'on doit tirer des expériences de privatisation et de déréglementation de l'eau réalisées ces 10-15 dernières années. Au Royaume-Uni, par exemple, le prix de l'eau a augmenté de manière constante, après une courte phase de diminution, immédiatement après la privatisation. Certaines rues de Londres ne reçoivent plus l'eau, le nombre d'habitants insolvables étant en augmentation. Cet été, l'autorité censée contrôler le bon fonctionnement de la distribution d'eau a été obligée d'imposer aux compagnies privées d'eau de distribuer celle-ci aux régions voisines, gérées par d'autres compagnies, même si cela n'était pas commercialement rentable. Sans l'intervention du « régulateur », le principe du service universel n'aurait pas été respecté.

Il est temps de songer à la mise en œuvre, le plus rapidement possible, *d'un contrat mondial de l'eau*, dont l'objectif serait de créer les conditions nécessaires et indispensables pour que la population mondiale concernée se donne, d'ici l'an 2015-2020, *trois milliards de robinets d'eau*, dans le cadre d'une alliance/coopération étroite avec les populations des pays développés du monde. À cette fin, des organisations non-gouvernementales des diverses parties du monde devraient proposer au Secrétariat des Nations Unies en charge de la « journée mondiale de l'eau », le lancement, le 22 mars 1997, d'une *Action de Mobilisation pour 3 milliards de Robinets d'Eau*. Cette action devrait conduire, en 1999, à la définition et à la mise en œuvre du *Contrat Mondial de l'Eau*.

L'Action de Mobilisation serait coordonnée par une vingtaine de villes qui constitueraient, pour l'occasion, le Réseau Mondial pour le Contrat de l'Eau. Les activités à développer durant cette phase seraient très diversifiées et comprendraient :

- des actions de sensibilisation (programmes TV, matériel pédagogique pour les écoles, « sommets de l'eau des jeunes du monde », festivals musicaux, « olympiades de l'eau »...), et
- des projets pilotes, expérimentaux, des réalisations concrètes impliquant la coopération entre plusieurs villes et « bassins d'eau » (selon, par exemple, l'expérience positive des « Chartes des Rivières » ou du *Forestry Stewardship Council*).

Comment financer l'Acte de Mobilisation et le Contrat Mondial de l'Eau ? Pour répondre à cette question, il faut resituer le Contrat Mondial de l'Eau dans le cadre plus général du Contrat Social Mondial et de la reconstruction du bien commun à l'échelle mondiale. À cet égard, cinq noeuds sont à délier.

Les cinq nœuds à délier : la rhétorique, l'ordre du jour, les finances, la technologie, les cultures.

Le *premier nœud* est celui de la *rhétorique.* La véritable « bataille » d'aujourd'hui est idéologique. Elle porte sur les idées, les mots, les symboles sur la base desquels nos visions du monde, nos systèmes de valeur se construisent, et nos rêves, nos attentes, nos espoirs, nos ambitions s'affirment et meurent.

La première chose à faire, dès lors, est de *délégitimer la rhétorique dominante*, ses mots-clés, ses symboles. Il faut refuser à la rhétorique dominante toute légitimité d'être pertinente pour le présent et prégnante pour le futur. Il faut affirmer avec force qu'elle est incapable de créer une « bonne » société. Très concrètement, il faut délégitimer le principe de la compétitivité et affirmer que la priorité n'est pas la compétitivité mais bien la solidarité. Il est faux de dire que la compétitivité est un atout pour faire grandir la solidarité et la cohésion sociale. Il faut également dire non aux principes de libéralisation, déréglementation, privatisation. Entre cette Sainte Trinité et le développement du bien commun, il y a totale incompatibilité.

Le *deuxième nœud* à délier est *l'ordre du jour.* Qui fixe, aujourd'hui, « l'ordre du jour » des problèmes à résoudre, des enjeux à surmonter, des priorités à exécuter, des moyens à utiliser ? Certainement pas les pouvoirs publics nationaux ou internationaux. Encore moins les syndicats. Le véritable faiseur « de l'ordre du jour » est le pouvoir économique et financier privé.

Le succès enregistré quelquefois par les campagnes organisées par la société civile montre qu'acquérir ou reconquérir la capacité de fixation de l'ordre du jour, n'est pas un objectif impossible. Afin que les pouvoirs publics rétablissent la priorité du « politique » et du bien commun sur le « financier », « l'économique » et le bien privé, il est nécessaire qu'ils récupèrent cette capacité. Manifestement, c'est ici que réside l'un des enjeux principaux pour les démocraties représentatives : les parlements doivent redevenir — sous la forme actuelle ou, de préférence, sous une autre forme, notamment à l'échelle mondiale — les acteurs premiers de l'ordre du jour de nos sociétés.

À cette fin, un rôle important est à jouer par les syndicats. Aujourd'hui, ils sont trop souvent à la traîne. Disparaître ou reprendre la maîtrise de l'ordre du jour : telle est, sans trop caricaturer la réalité, l'alternative devant laquelle sont placés les syndicats. Or, lorsque les syndicats s'affaiblissent ou disparaissent, c'est la citoyenneté même qui s'affaiblit et qui meurt. L'un des points prioritaires à mettre à l'ordre du jour par les syndicats est la solidarité dans l'organisation et la gestion du marché mondial du travail, ainsi que la (re)construction de la concertation sociale à l'échelle mondiale.

Le troisième nœud, peut-être le plus déterminant en ce qui concerne le domaine des moyens, est celui *du système financier*. L'objectif-clé, à cet égard, est de rétablir la capacité du citoyen, par le politique, d'exercer son droit et son devoir de maîtrise et de contrôle sur le capital et les marchés financiers. *Il faut désarmer la puissance financière.* À cette fin, les mesures suivantes sont à prendre en priorité :

• prélèvement d'une taxe de 0,5 % sur les transactions financières. Cette mesure a déjà été proposée en 1983 par le Prix Nobel de l'économie, Mr. Tobin. Une telle taxe permettrait de constituer un *Fonds Mondial de la Citoyenneté* doté de plusieurs dizaines de milliards de dollars par an, destinés à financer, justement, le Contrat Mondial de l'Eau et les autres actions visant au développement de la richesse commune mondiale. Le prélèvement de cette taxe est techniquement faisable. Il doit être décidé au niveau du G7, pour surmonter l'alibi utilisé par chaque pays séparément, et consistant à dire qu'il ne peut pas prendre l'initiative d'une telle taxe sans risque de voir tous les capitaux du pays fuir ailleurs ;

• élimination des paradis fiscaux. Il y a 37 paradis fiscaux de par le monde. Leur existence constitue une forme légalisée de la criminalisation croissante de l'économie (évasion fiscale, spéculation, commerce de la drogue, commerce illicite des armes). Grâce aux paradis fiscaux, le monde financier est de plus en plus habité par des prédateurs, dont les entreprises industrielles, qui créent de la richesse réelle, sont elles aussi les victimes. Or, que font les gouvernements des pays les plus développés ? Au lieu d'éliminer les paradis fiscaux, ils contribuent à leur multiplication, sous forme de création de centres de coordination financière internationale, où les holdings financiers multinationaux peuvent élire domicile sans être taxés sur les profits. On assiste ainsi à une féroce concurrence entre les pays européens en matière de facilitations et de réductions fiscales ;

• mettre fin au secret bancaire. Le respect du principe de la liberté de propriété et du droit à la confidentialité peut être assuré sans pour autant maintenir le secret bancaire; en outre, une véritable politique fiscale progressiste, fondée sur la justice sociale et la solidarité (entre individus, générations, pays), passe par l'abolition du secret bancaire ;

• rendre publique et transparente l'évaluation des marchés financiers. Aujourd'hui, il existe trois grandes sociétés privées d'experts financiers qui établissent le classement (*rating*) des divers pays, en fonction de ce que ces experts considèrent être la « santé financière » du pays. Ils le font dans le secret de leurs bureaux. En juillet 1996, suite aux coupes importantes prévues dans les dépenses de l'État, l'Italie s'est vue citée par l'une des trois sociétés financières, l'américaine Moody, récompensant la meilleure cotation, passant du niveau A3 à AA1. En Italie, ce fut la réjouissance générale. Constat : l'avenir de l'un des 7 pays les plus industrialisés du monde dépend du *rating* qui lui est attribué par une société privée d'experts financiers !

• l'ensemble de ces mesures devrait être encadré par la création, à l'échelle mondiale, d'un Conseil Mondial pour la Sécurité Économique et Financière, dont la tâche principale serait de redéfinir les règles d'un nouveau système financier mondial (le *Bretton Woods* pour le XXIe siècle), et de veiller au bon usage de la finance au service du développement et du bien-être de l'ensemble de la population mondiale.

Le *quatrième nœud* concerne la *science, la technologie* et l'innovation technologique. Il faut modifier le rôle joué aujourd'hui par la science et la technologie. Les scientifiques doivent s'opposer à l'asservissement de leurs activités aux intérêts économiques et financiers des entreprises. Il faut aussi redéfinir les finalités et les priorités de la technologie. Celle-ci doit servir à satisfaire les besoins de base des 8 milliards d'êtres humains qui habiteront la planète vers l'an 2020. Des propositions précises pour « Science et Technologie pour 8 milliards » ont été élaborées par un groupe de recherche européen, financé par la Commission des Communautés européennes dans le cadre du programme FAST[60]. Il n'est pas utopique de songer à un tel projet.

Le dénouement de ce nœud ne dépend cependant pas de la technologie elle-même, mais des choix politiques des classes dirigeantes et, en général, du système de valeurs prédominant dans nos sociétés. Ceci nous amène au *cinquième et dernier nœud, le nœud des cultures.*

La méfiance croissante entre les cultures et les civilisations est l'une des caractéristiques principales de la société mondiale de cette fin de siècle. Plus la méfiance grandit, plus les conflits deviennent des faits quotidiens.

Une vision du monde est particulièrement dangereuse. Elle est née, et est en train de grandir, au sein du monde occidental-chrétien, notamment aux États-Unis, et au sein du monde musulman. Elle consiste à affirmer, du côté occidental, que la prochaine guerre mondiale sera la guerre entre la civilisation occidentale (l'Ouest) et le « reste », (où, par le « reste » on pense surtout à l'Islam). Selon cette vision, l'Islam a pris la place du communisme (l'Est) en tant qu'ennemi n° 1 de la civilisation occidentale (alias le capitalisme libéral). La même vision, mais inversée, s'est développée au sein des pays musulmans. Selon une frange radicale d'intégristes musulmans, le monde est à nouveau confronté à une « guerre sainte » des pauvres du Sud et de l'Islam contre la puissance néfaste de l'Ouest, et la « décadence » de la civilisation occidentale. On reparle du « Grand Satan » .

Il est urgent de s'indigner et d'agir contre une telle mystification de l'histoire et de la réalité. Les Églises chrétiennes restent encore trop timides dans l'expression de leur opposition à une telle vision. Toute ambiguïté et toute faiblesse accommodante de leur part sera lourde de conséquences et de responsabilités. Elles devraient, et avec elles les pouvoirs publics, le monde de l'éducation, les médias et la société civile mondiale, œuvrer avec une très grande énergie pour le développement d'un véritable œcuménisme et d'un nouveau pacifisme.

Rendez-vous avec la solidarité

Nous avons essayé, tout au long de cet ouvrage, de faire ressortir l'évidence qu'une « bonne » société repose finalement sur deux principes simples : l'existence de l'autre et la coexistence. Simples mais, ô combien, difficiles à réaliser ! Lorsqu'une société parvient à les appliquer, on parle de niveau élevé de justice sociale, d'efficacité économique, de démocratie politique, de pluralisme culturel. On reconnaît que cette société a fait de ses membres des citoyens à part entière. Elle a réussi son rendez-vous avec la solidarité.

De nombreuses communautés humaines dans l'histoire du monde ont atteint, en fonction de leurs systèmes de valeurs, l'état d'une « bonne » société.

Malgré ses limites, l'État du *Welfare* a représenté et représente au cours de l'histoire de nos pays occidentaux la forme la plus avancée de « bonne » société. Pendant longtemps, nos pays ont été fiers de proclamer *urbi et orbi* les principes de liberté, fraternité, égalité, démocratie, justice sociale. Mise à part la tentative échouée, en URSS, de construction d'une société « communiste », nos pays ont dépassé, avec la naissance de l'État du *Welfare* il y a plus de 60 ans, le stade de la proclamation : nous avons réussi à les mettre en pratique et à construire un système social, politique et économique fondé sur la priorité accordée à la richesse commune et à la promotion du bien commun.

Nous avons montré que la conjugaison de nombreux facteurs a sapé les fondements et les dynamiques de cohésion d'un tel système au plan national. Aujourd'hui, nos pays ne parlent plus — d'ailleurs, ça sonnerait faux — de fraternité, d'égalité, de res publica : ils parlent davantage de compétitivité, d'efficacité, de libres forces du marché, et ils agissent en conséquence. Leur objectif est de créer une économie de marché capitaliste, intégrée dans un seul marché mondial autorégulateur. Les processus « objectifs » de mondialisation des facteurs et des conditions qui déterminent la création de la recherche commune et la promotion du bien commun ont contribué à faire exploser la « bonne » société, fondée sur la citoyenneté sociale globale et la solidarité à l'échelle nationale.

Nos pays sont confrontés à la nécessité de la construction d'une « bonne » société à l'échelle mondiale. *Le rendez-vous est pris désormais avec la solidarité mondiale,* et non plus seulement nationale ou continentale.[61]

Tel est le défi de la citoyenneté dans le nouveau monde mondial. Ce défi peut être relevé : c'est la conviction qui a inspiré cet ouvrage. Pour le relever, il ne faut pas chercher à être le gagnant, à s'en sortir tout seul, selon un itinéraire de réussite individuelle, au niveau de son groupe social, du cercle de sa « communauté », à l'échelle d'un pays, voire d'un continent comme l'Europe.

Pour le relever, il faut un projet collectif, dépassant la stratégie de la survie, à l'échelle de la première génération planétaire que nous sommes, pour les huit milliards de personnes que nous serons en l'an 2020.

Les pistes d'action proposées (contrat social mondial, mesures à prendre pour délier les cinq nœuds-clés qui enferment nos sociétés dans l'incapacité de promouvoir le bien commun) ne sont pas les seules possibles ni nécessairement les meilleures, mais elles démontrent que les solutions existent et que nous disposons toujours de la possibilité de créer l'avenir. L'histoire des XIXe et XXe siècles a été très éclairante : il n'y a pas d'avenir pour une société sans justice, sans égalité, sans fraternité, bref, sans solidarité. Personne n'arrêtera les êtres humains dans leur quête de l'humanité. Même si nous ne parviendrons pas à (re)construire un monde solidaire dans les 20-25 années à venir, il y aura toujours des femmes et des hommes qui recommenceront et essayeront encore de le faire.

Notes

1 D'après le dernier rapport du PNUD (Programme des Nations Unies pour le Développement), *Human Development Report 1996*, New York, juillet 1996, plus de la moitié de la population mondiale (environ 3 milliards de personnes) ont un revenu inférieur à 2 $USA par jour. En outre, la part du revenu mondial des 20% les plus pauvres du monde a baissé de 2,3% en 1980 à 1,4 en 1993, tandis que celle des 20% les plus riches est passée de 70% à 85%.

2 Selon l'expression du Centre des Jeunes Dirigeants dans leur livre récent, *L'entreprise au XXIe siècle*, Éditions Flammarion, Paris, 1996, p. 7.

3 Conseil des Sciences du Canada, *Winning in a World Economy*, Report 31, Ottawa, 1993.

4 Voir Riccardo Petrella, « Le retour des conquérants », dans *Le Monde diplomatique*, Paris, mai 1995.

5 On se souviendra de la chute de plus de 3% de la Bourse de New York, le 7 mars 1996, suite à l'annonce par le gouvernement américain d'une diminution (par ailleurs insignifiante) du niveau de chômage aux USA, de 5,8% à 5,6%.

6 À cet égard, de très belles pages ont été écrites par N. Elias , *La société des individus*, Fayard, Paris, 1991 .

7 Sur le culte de l'exemple de la compétitivité, voir Groupe de Lisbonne, sous la direction de Riccardo Petrella, *Les limites à la compétitivité*, coédition Labor La Découverte-Boréal, Bruxelles, Paris, Montréal, 1995

8 C'est l'idée lancée par l'hebdomadaire *The Economist*, porte-parole respecté du libéralisme économique mondial, dans son numéro du 20 mai 1995.

9 Selon l'expression d'Ernest Renan dans son célèbre discours «*Qu'est-ce qu'une nation ?* » prononcé à la Sorbonne et qui se trouve dans les *Discours et Conférences*, Paris, 1887, 2e édition.

10 On retrouve cette emphase prioritaire sur la croissance dans le Livre Blanc de la Commission Européenne, *Croissance, compétitivité et emploi*, Bruxelles, 1994. Il y a cependant dans ce texte des approches intéressantes, concernant notamment la croissance créatrice d'emploi et la croissance par le développement durable.

11 Pour une analyse historique et théorique de ces questions, on lira avec intérêt l'ouvrage de Philippe Van Parijs, *Qu'est-ce qu'une société juste?*, Seuil, Paris, 1991. Pour ceux qui s'intéressent aux fondements philosophiques du « bien commun », voir Gaston Fessard, *Autorité et bien commun*, Aubier, Paris, 1944.

12 Cfr. Maurice Roche, *Rethinking Citizenship*, Polity Press, Cambridge, UK, 1992, pp. 16-23.

13 Voir Francis Fox Piven and Richard A. Clowed, *Regulating the Poor. The Functions of Public Welfare,* Updated edition, Vintage Books, New-York, 1993.

14 Il y a toujours eu l'opinion de ceux qui pensent qu'il ne peut exister de gratuité. Même ceux qui font des dons — considère-t-on — seraient animés par des motivations, des sentiments « égoïstes » ou « mutualistes » tels que auto-satisfaction à accomplir un « bon » geste, se donner bonne conscience, établir des relations de facto inégales avec le(s) bénéficiaire(s) du don, etc. Sur le thème du don, voir T. Titmuss, l'un des théoriciens fondateurs du *Welfare State* au Royaume-Uni, *The Gift Relationships,* Allen and Unwin, Londres, 1970.

15 OCDE, *Perspectives économiques : Statistiques historiques 1960-1981*, Paris, 1991.

16 Par la publication, quatre ans après, du rapport *Les actions volontaires* (*Voluntary Actions*), Beveridge achève l'édifice du *Welfare State* britannique dans le sens d'un *Welfare* pluraliste, qui élargit la responsabilité de la gestion du *Welfare* aux collectivités locales, aux associations mutuelles et d'entraide et aux organisations privées charitables.

17 Sur les caractéristiques principales du Welfare State en Europe occidentale et les diversités entre les pays, voir les articles rassemblés sous la direction d'Alain Euzéby dans le n° 92-93 de *Futuribles,* « L'avenir de la protection sociale en Europe de l'Ouest », octobre-novembre 1985, ainsi que BIT, *Sécurité sociale : quelle méthode de financement ? Une analyse internationale,* Genève, 1983

18 Commission des Communautés Européennes, *Europe 2000. Perspectives de développement du territoire de la communauté*, Bruxelles, 1991 .

19 Le caractère fondamental et inaliénable des libertés économiques et des droits de la propriété privée figure parmi les pré-conditions nécessaires et indispensables à la solidarité, même chez Rawls, l'un des théoriciens les plus puissants et respectés parmi les défenseurs des principes de justice sociale et de solidarité dans les sociétés avancées contemporaines. Voir Johan Rawls, *A Theory of Justice*, Oxford, Oxford University Press, 1972 ; *Théorie de la Justice*, Paris, Éd. du Seuil, 1987 ; *Political Liberation*, New York, Columbia University Press, 1993.

20 Dans les pages qui suivent, il sera question du rôle joué par les forces conservatrices ; on négligera délibérément l'analyse du rôle joué par les critiques et les actions menées contre l'État « capitaliste » du *Welfare* par les mouvements libertaires, les radicaux et ceux d'extrême gauche. Ce choix dérive du fait que, s'il y a eu « crise » du *Welfare State* et si l'on a assisté à la destruction de la mosaïque du bien commun, cela n'a pas été dû à ces critiques et actions, mais principalement à l'oeuvre des forces conservatrices.

21 L'OCDE (Organisation pour la Coopération et le Développement Économique), dont ont fait partie, jusqu'à présent, les pays du monde occidental et occidentalisé et qui a été — depuis sa création en 1951, inspirée par des conceptions et des politiques libérales — la première en 1980 à parler de « crise » du *Welfare* : cfr OCDE, *The Welfare State in Crisis*, Paris, 1981 et en français, *L'État protecteur en crise*, Paris, 1981. Pour des analyses différentes de celle de l'OCDE, voir Pierre Rosanvallon, *La crise de l'État-Providence*, CEPREMAP, Paris, 1982 et Jacques Delcourt, « Crise ou mutation des politiques sociales », dans *Travail et Société*, Genève, n° 1, 1982, pp. 69 à 99.

22 Sur les critiques formulées contre l'État du *Welfare* aux États-Unis, voir F. Block et al., *The Mean Season : The Attack on the Welfare*, Pantheon Books, New York, 1987.

23 Cette position a été défendue par l'un des intellectuels les plus en vogue de la nouvelle droite conservatrice américaine : Lawrence Mead, *Beyond Entitlement* : *The Social Obligations of Citizenship*, Free Press, New York, 1986.

24 Aux États-Unis, les débats sur la « crise » de la famille et le rôle joué à cet égard par la sécurité sociale occupent une place centrale dans les conflits autour de l'État du *Welfare* depuis 25 ans. L'un des grands spécialistes en la matière, défenseur du *Welfare State* est D.P. Moynihan, *The Politics of a Guaranteed Income*, Randons House, New York, 1973. En revanche, les tenants les plus connus des thèses néo-conservatrices sont George Filder, *Wealth and Poverty*, Buchan and Furight, London, 1982 ; du même : « The Collapse of the American family », dans *The Public Interest*, n° 89, 1987, pp. 20 à 25 ; Charles Murray, *Losing Ground*, Basic Books, New York, 1984 ; du même « No, Welfare isn't really the problem », dans *The Public Interest*, n° 84, 1986, pp. 2 à 11 ; P. Berger and B. Berger, *The War over the Family*, Hutchinson, London, 1983.

25 Cfr le « gourou » allemand Roland Berger, selon lequel « le prix à payer pour entrer dans la société post-industrielle sera une baisse du revenu disponible réel pendant plusieurs années. Et il faudra accepter de plus grands écarts entre les revenus ». Déclarations à *Le Soir* du 10-11 juin 1995.

26 Voir entre autres Jean-Pierre Jallade, « The redistributive efficiency of the European Welfare States : basic issues », dans J-P. Jallade (éd.), *The crisis of Redistribution in European Welfare States*, pp. 7 à 23.

27 Sur la différence entre mondialisation, inter-nationalisation et multinationalisation, voir R. Petrella, « La mondialisation de l'économie. Une (hypo)-thèse prospective », dans *Futuribles*, sept. 1989, pp. 3 à 34.

28 En soutien à cette thèse, on lira avec grand intérêt les analyses relatives à la Belgique dans Th. Dubois, M.J. Festjens et R. Maldague, *Les*

problèmes financiers de la sécurité sociale resitués dans leur contexte macro-économique, Bureau du Plan, Bruxelles, 1991.

29 Voir l'entretien avec Carlo Savoini, Directeur du dialogue social et de la libre circulation des travailleurs à la Commission européenne, et depuis peu retraité, dans « Dialogue social : le bilan communautaire en 1995 », dans *Europe sociale*, n° 2, 1995, p. 9.

30 Déclaration rapportée par Kevin Murphy dans *International Herald Tribune*, édition européenne, Paris, 14 septembre 1995.

31 Déclaration de M. Tietmeyer, Président de la Bundesbank, au Sommet du World Economic Forum à Davos (Suisse), le 3 février 1996.

32 Sur le processus de privatisation en Europe, voir Gérard de Sélys, *Privé de Public. À qui profitent les privatisations ?*, Éd. EPO, Bruxelles, 1995 et Brendan Martin, *In the Public Interest ? Privatisation and Public Sector Reform*, Zed Boorks, Londres, 1994 .

33 ESTA : European Science and Technology Assembly. Cette assemblée est constituée d'une centaine de personnalités du monde scientifique et industriel.

34 Commission Européenne, DG V, Office des Publications Officielles, Luxembourg, 1996.

35 Cette question est traitée dans Groupe de Lisbonne, sous la direction de Riccardo Petrella, *Les limites à la Compétitivité*, op. cit .

36 À propos de la glorification de la société de l'information, lire, pour tous, Groupe Bangemann, *L'Europe de la Société de l'information globale*, Commission des Communautés Européennes, Bruxelles, 1994.

37 Voir le très utile panorama européen et international de ce que l'auteur appelle « le temps des restrictions », présenté par Jean-Pierre Dumont, « La sécurité sociale plus que jamais en chantier », dans *Futuribles*, n° 12-93, op. cit, pp. 153 à 165.

38 Cfr. Serge Halimi, « Les chantiers de la démolition sociale », *Le Monde diplomatique*, juillet 1994 ; Jacques Decornoy, « Travail, capital... Pour qui chantent les lendemains ? », *Le Monde diplomatique*, septembre 1995 ; Jean Massé, « Feu sur la protection sociale », *Le Monde diplomatique*, février 1996 ; Institut de la Recherche pour le développement social des Nations Unies, *States of Disarray. The Social Effects of Globalisation*, Genève, 1995.

39 À savoir : emploi à vie, 8 heures de travail par jour, 40 heures par semaine, 1 700-2 000 heures par an.

40 En affirmant d'autres principes que le travail en tant que principe fondateur du droit à la citoyenneté sociale. La transformation du concept de travail en celui d'activité — proposée par un nombre croissant de personnes — n'est pour l'instant qu'un jeu de mots. Elle risque d'être un alibi incantatoire.

41 Selon la proposition « travaillons moins pour que nous travaillions tous » !

42 L'équivalent, en Italie, du *Financial Times*. L'article a été écrit par Maurizio Ferrera, sous la rubrique « Cronache del Welfare » de l'édition du vendredi 26 juillet 1996, p. 7. La thèse ci-dessus a été élaborée en long et en large par un des théoriciens néo-conservateurs américains, Lawrence Mead, *The New Politics of Poverty. The Non Working Poor in America*, Polity Books, New York, 1992.

43 J'ai analysé ces phénomènes dans « Une même logique inégalitaire sur toute la planète », *Le Monde diplomatique*, janvier 1991 et dans « L'économie actuelle : une logique de guerre et d'exclusions sociales », dans *Lumen vitae, Revue internationale de catéchèse et de pastorale*, Bruxelles, mars 1992, n° 1, pp. 25 à 37. Dans le même sens, voir le rapport du PNUD axé sur la pauvreté, *Rapport sur le développement humain*, New York, 1992.

44 Banque Mondiale, *World Development Report 1995 : Workers in an Integrating World*, Oxford University Press, New-York, 1995. Il existe une courte version résumée en français du rapport *Le monde du travail dans une économie sans frontières*, publiée par la Banque Mondiale.

45 Voir l'article « Does Government Matter? The State is withering and Global Business is Taking Charge », publié dans *Newsweek* du 26 juin 1995 et, plus général, Robert Boyer and Daniel Drache (éds.), *States against Markets*, Routledge, Londres et New-York, 1996, en particulier les parties III et VI.

46 Cfr Jacques Decornoy, « Travail, Capital... pour qui chantent les lendemains ? », op. cit., p. 19.

47 La littérature sur les alliances stratégiques et les coopérations interentreprises, notamment dans le domaine de la recherche, de la technologie et du développement des produits, est considérable. Les opinions sont divergentes. Une analyse rigoureuse et fiable est celle de François Chesnais dans *La mondialisation du capital*, Éditions Syros, Paris, 1995.

48 Dans ce numéro, la revue a mis à l'index et voué à la réprobation publique les 172 PDG des plus importantes entreprises américaines, qui ont vu leurs revenus augmenter par millions de dollars chacun, suite uniquement aux licenciements massifs (de l'ordre de milliers et milliers de personnes), qu'ils ont réalisés, rencontrant ainsi l'appui enthousiaste des marchés financiers — comme démontré par les hausses extraordinaires réalisées à la bourse par les actions de leurs entreprises.

49 On trouvera une analyse récente de la société civile mondiale dans *Citizens Strengthening Global Civil Society*, sous la coordination de M. Darcy de Oliveira et R. Tandon, publié par Civicus, World Alliance for Citizen Participation, en 1994.

50 Les exemples donnés dans le texte concernent l'Europe occidentale et, en particulier, la Belgique et la France, pays probablement connus du lecteur. Il faut savoir que des dizaines de milliers d'organisations non-gouvernementales existent aux États-Unis, au Canada et au Japon. Au total, on estime que le nombre de ces organisations dans le monde se situe entre 500 000 et 1 million. En ce qui concerne le Japon, une analyse très intéressante sur les différents composants activistes de la société civile est l'ouvrage *Japanese Working for a Better World, Grass Roots Voices and Access Guide to Citizens' Groups in Japan*, publié par Honnoki Publishers, San Francisco, 1991. Il fait état de l'existence au Japon de plus de 1 500 groupes et mouvements de citoyens.

51 Le lecteur désireux d'en savoir plus sur l'économie sociale trouvera des informations et des analyses très précieuses en lisant la revue *Traverses*, nouvelle série, publiée depuis trois ans à Liège et dédiée précisément au monde de l'économie sociale.

52 Groupe de Lisbonne, sous la direction de Riccardo Petrella, *Les limites à la compétitivité*, op. cit.

53 Ce passage a été l'un des points centraux des réflexions développées dans *Les limites à la compétitivité*, voir pp. 58 à 75.

54 Je crois que Edgar Morin et Albert Jacquard ont exprimé la même idée et le même concept. Voir E. Morin et Anne Brigitte Kern, *La Terre-patrie*, Le Seuil, Paris, 1993 et A. Jacquard, *Cinq milliards d'hommes dans un vaisseau*, Le Seuil, Paris, 1987.

55 Parmi les plus intéressantes en milieu francophone, figure la proposition de la Fondation pour le Progrès de l'Homme, *Plate-forme de l'Alliance pour un monde responsable et solidaire*, dont le texte de base a été publié dans *Le Monde diplomatique* en 1995. Sur le plan mondial, à signaler en particulier le rapport final de la Commission du Global Gouvernance de l'ONU.

56 La description des caractères et des modalités de réalisation de ces contrats est donnée dans *Les limites à la compétitivité*, op. cit., pp. 179 à 217.

57 On retrouve aussi cette notion nouvelle de la productivité chez Robert Reich, *L'économie mondialisée*, Plon, Paris, 1994.

58 Citons, dans le groupe des organisations internationales non-gouvernementales, le Secrétariat international de l'eau, la Fondation mondiale de l'eau, le Global Water Council, l'Académie internationale de l'eau, The International Office for Water.

59 Les « guerres d'eau » locales ont été fréquentes dans le passé. Elles continuent à exploser régulièrement à travers le monde. Près de nous, il y a des « guerres de l'eau » entre l'Espagne et le Portugal, entre la région de Murcie et la région de Castille-La Manche en Espagne. Le danger de

multiplication à l'échelle internationale de ces « guerres » est grand.

60 Cfr. T.G. Whiston, *Global Perspective 2010. Tasks for Science and Technology : A Synthesis Report*, Commission of the European Communities, Brussels, 1992.

61 Les ouvrages de Philippe Van Parijs, *Sauver la solidarité*, Cerf, Paris, 1995, et de Bruno Amoroso et Jesper Jespersen (eds.) *Welfare society in transition*, Années 1995/96, Roskilde University, Dep. of Social Sciences, Roskilde (DK), 1995, vont partiellement dans ce sens.

Table des matières

Achevé d'imprimer
en février 2000
pour le compte des Editions Labor
sur les presses de l'Imprimerie Campin
à Tournai - Belgique